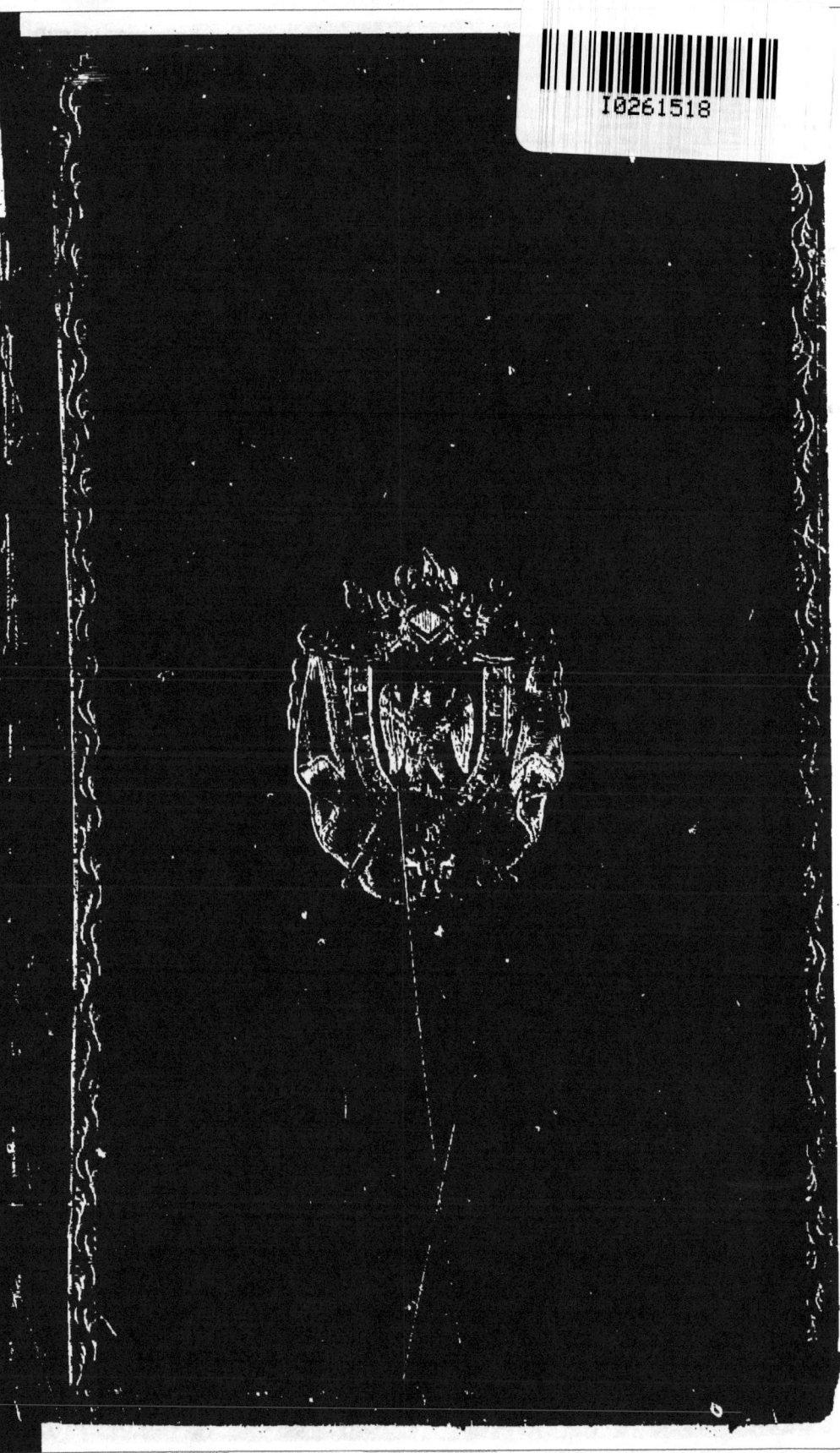

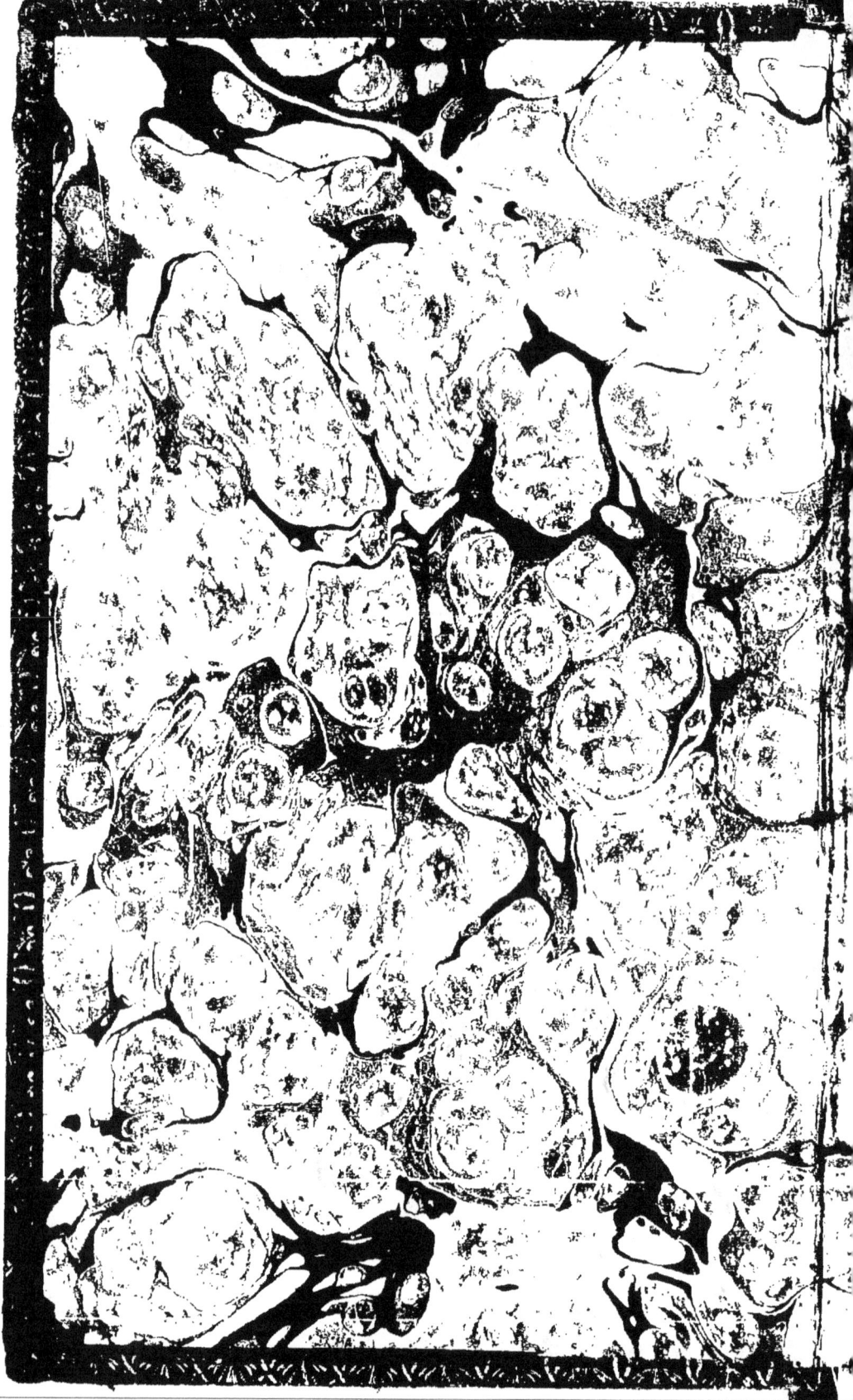

COURS
ÉLÉMENTAIRE
DE BIBLIOGRAPHIE,
OU LA SCIENCE DU BIBLIOTHÉCAIRE.

Ouvrage mis à la portée des Élèves des Lycées et des Écoles secondaires.

Par C. F. ACHARD, Bibliothécaire de Marseille, Secrétaire perpétuel de l'Académie de cette ville, membre de plusieurs Sociétés savantes et littéraires.

TOME SECOND.

A MARSEILLE;

De l'Imprimerie de Joseph Achard Fils et Compagnie

M. DCCC. VII.

AVIS.

Au moment où je me disposais à faire porter sous la presse, le numéro de janvier 1807, j'ai lu, dans le journal de Mayence, qu'un antiquaire d'Italie vient de composer deux ouvrages, pour prouver que la ville de *Feltri* en Italie a été celle qui a eu l'avantage de donner naissance à la typographie. Selon lui, c'est un nommé *Gastaldi*, qui fut le véritable inventeur de ce bel art en 1456, et Guttenberg et Faust n'ont imprimé, en 1457 le pseautier de Mayence, qu'avec les caractères de ce Gastaldi.

Personne ne donnera sans doute dans ces fausses idées. Cependant comme je n'ai pas encore vu les raisons que l'auteur présente pour soutenir ce fait certainement controuvé, je me contenterai de dire d'avance à mes lecteurs que dans le fameux ouvrage du P. Audiffredi, sur les éditions italiennes du 15e. siècle, il n'est parlé ni de Gastaldi, ni de Feltri; que dans le catalogue des éditions du 15e. siècle de M. Santander, il n'est question ni de cette ville, ni du nom de l'imprimeur. Si nous n'avions pas déjà les plus grandes preuves en faveur de Mayence, cette prétendue découverte ne pourrait nous arrêter, qu'autant qu'il serait parvenu à notre connaissance, que l'Imprimerie avait été exercée dans cette ville, pendant le 15e. siècle. J'ai fait des efforts pour me procurer l'ouvrage de cet antiquaire, et je me flatte que ses argumens ne seront pas difficiles à détruire. Ce n'est pas après trois siècles et demi, qu'on peut espérer de bâtir un système chimérique en faveur d'un pays qui peut d'ailleurs se passer de ce titre, sans en être moins recommandable.

COURS
ÉLÉMENTAIRE
DE BIBLIOGRAPHIE.

SUITE DE LA QUATRIÈME SECTION.

Reprenons l'exposé des différens systêmes bibliographiques que l'on a présentés successivement, et nous examinerons ensuite sans partialité quel est celui qui paraît devoir être préféré.

Il nous reste à examiner, ou plutôt à faire connaître les systêmes de M. Massol, de M. Parent et de M. Peignot. J'y joindrai celui du Répertoire d'Iéna, celui du P. Laire, de Prosper Marchand et ceux de Pelisse et de Martin. Ce qui fera la matière des 9 premiers articles suivans. Dans le huitième je proposerai le systême le plus convenable, selon moi : celui que j'adopterais de préférence, et que je conseille à tous les Bibliothécaires d'employer dans leurs Catalogues, pour leur facilité.

Article Premier.

Système de M. Massol, Bibliothécaire du Département du Tarn, à Alby.

Ce système a été publié par M. Peignot, dans son dictionnaire bibliologique ; mais M. Massol m'ayant donné des renseignemens fort étendus sur son opinion, je prends dans sa lettre l'exposé que je vais faire de sa méthode. Cela suffira pour la faire connaître.

» Quoique tout ordre quel qu'il soit, » m'écrit ce savant Confrère, » puisse suffire dans une Bibliothèque pour s'y retrouver, je ne conçois pas pourquoi l'on s'obstine à commencer par la branche théologique, dont les ramifications sont infinies. Tel était, il est vrai, l'usage des premiers bibliographes, presque tous théologiens par état ; aussi n'y a-t-il point de faculté, dans la bibliographie, qui soit méthodiquement divisée comme la théologie. Mais les hommes ont-ils été tout-à-coup théologiens dogmatiques, moralistes, scholastiques, etc. avant de savoir lire ? Vous n'en croyez rien, Monsieur, ni moi non plus. Je pense qu'une polyglotte générale, suivant l'idée de M. Peignot que vous adoptez, renfermant tous les alphabets connus et tous les élémens des langues, devrait tenir le premier rang dans les bibliothèques, n'en déplaise à M. *Parent* de la Nièvre, qui nous prescrit en style très-pompeux d'y placer les livres d'agriculture. — M. *Camus* accorde cette première place aux bibliographes, sans doute parce que, selon lui, la table d'un livre va mieux à son commencement qu'à sa fin. Pour moi, dans la bibliothèque qui m'est confiée et dont je suis en quelque sorte le créateur, je mets les alphabets avant tout, ensuite les grammairiens, les lexiques des langues suivant l'ordre de leur ancienneté; et comme ces langues perfectionnées ont formé peu à peu la littérature proprement dite de tous les peuples, je la fais marcher avec ses divisions immédiatement après. Quand ces peuples divers surent se communiquer leurs idées, leurs craintes et leurs espérances, ils durent adopter telle ou telle religion. Heureux, s'ils n'avaient pas trop souvent mis leurs intérêts, leurs caprices, leurs passions à la place d'une institution aussi respectable ! Quoiqu'il en soit je mets toutes les religions à la suite de toutes les branches de littérature proprement dite. Il fallut des lois, des conventions réciproques à ces grandes familles..... Ici arrive le droit, ou la jurisprudence. Curieux de rechercher la vérité, d'analyser la pensée, d'étudier la nature, les hommes ont réduit leurs recherches en principes ; de là les sciences et les arts qui en sont inséparables. Enfin les hommes, jaloux de vivre après eux-mêmes sur la terre, ont donné lieu à la branche la plus étendue de toutes, l'histoire avec ses prolégomènes et ses paralipomènes. Mais vû que toute église est dans l'état, et non l'état dans l'église, je fais précéder l'histoire ecclésiastique ou religieuse, par l'histoire civile, politique, militaire ».

» Ce n'est là qu'une ébauche bien maigre, bien décharnée de l'ordre qui règne dans la bibliothèque d'Ally, etc. etc. »

Cette ébauche est plus que suffisante pour nous apprendre l'ordre qui est introduit dans cette bibliothèque. Les belles-lettres y occupent le premier rang ; la théologie vient ensuite ; la jurisprudence est placée la troisième ; viennent ensuite les sciences et arts, et enfin l'histoire.

J'ai beaucoup de vénération pour M. Massol, mais je ne peux m'empêcher d'observer ici qu'il a donné dans une erreur assez commune aux partisans des nouveaux systèmes bibliographiques. La plupart d'entr'eux se sont écriés : *La nature nous indique la route*. Ils ont dit que ceux qui viennent dans les bibliothèques, doivent savoir lire, qu'ils doivent connaître les langues dans lesquelles sont écrits les ouvrages qu'on y conserve. Mais ceux qui ignorent ces langues ceux qui ne savent pas lire, viendront-ils dans ce lieu, pour y faire un cours de langues ou de lecture ? Je ne pense pas qu'aucun bibliothécaire fut jaloux d'avoir de pareils disciples.

Si l'on veut suivre l'ordre le plus naturel, relativement aux connaissances humaines, ce ne sera pas la lecture qui obtiendra le premier rang. L'homme sauvage a dû s'exprimer par des signes, il a formé ensuite des mots, enfin il a cherché à se procurer sa nourriture. Il y a encore loin de là à la littérature, à la religion même, si l'on fait abstraction de la révélation.

Je ne vois dans ce système que celui qui a été établi depuis longtems, en transportant à la tête, les belles-lettres, qui étaient placées avant l'histoire.

Article Second.

Système de M. Parent.

M. Parent a publié une brochure sur l'état et les talens du bibliothécaire. N'ayant pas pu me la procurer, je rapporte ici l'extrait qui en a été fait par M. *Peignot*, page 246 de son second volume du dictionnaire bibliographique.

» Dans ce système, M. Parent offre deux parties assez essentielles ; la première est une division chronologique de la république universelle des lettres, en quatorze époques remarquables pour la bibliographie ; et la seconde est un nouveau système bibliographique, proprement dit. Comme le texte de ces deux objets est très-bref, je vais le rapporter en entier ».

» *Première Partie.* Chronologie. Première époque : Homère, le père des poëtes et le prodige de son siècle. Seconde époque : Alexandre-le-Grand vengeant la Grèce, protégeant et enrichissant les beaux-arts. Troisième époque : Paul-Emile rapportant dans Rome les trésors de Persée, et notamment la bibliothèque de Macédoine. Quatrième époque : Auguste, entouré des beaux-arts, et commandant pendant 40 années à toute la terre. Cinquième époque : Marc-Aurèle fesant asseoir la philosophie sur le trône des Césars. Sixième époque : Omar Ier. incendiant la fameuse bibliothèque d'Alexandrie, et voulant substituer l'alcoran à toutes les richesses bibliographiques. Septième époque : Charlemagne luttant, avec une lampe monacale, contre les épaisses ténèbres de son siècle. Huitième époque. Guttenberg, de concert avec Faust et Schoiffer, donnant naissance à l'art typographique. 9ᵉ. Époque: François 1ᵉʳ. et Léon X provoquant la renaissance des beaux-arts. 10ᵉ. Époque: Richelieu s'entretenant des sciences au milieu des 40 premiers pères de l'Académie française. Onzième époque: Louis XIV offrant avec orgueil aux hommes célèbres de la Grèce et de Rome, des rivaux dignes de ces fameuses républiques. Douzième époque: Voltaire charbonnant sur les murs de la bastille, les premiers essais de la Henriade. Treizième époque: Voltaire couronné à Paris, et descendant dans la tombe à 84 ans. Quatorzième époque: Bonaparte, ami des arts et des savans, consolidant la république française, et donnant la paix à l'Europe. Après avoir ainsi formé ses cadres chronologiques, *M. Parent* passe à la classification des genres, et met dans un ordre uniforme, qui embrasse successivement toutes ses époques, les matières diverses et les auteurs qui les ont traitées.

Seconde partie. Système bibliographique. Iʳᵉ. Division. *Agriculture et Commerce.* IIᵉ. Division. *Les Langues et la Grammaire générales.* IIIᵉ. Division. *Les Arts mécaniques.* IVᵉ. Division. *Les Arts libéraux.* Vᵉ. Division. *Les Mathématiques, Arithmétique, Géomé-*

trie, et *Mécanique.* VIe. Division. *Belles-lettres.* VIIe. Division. *Cosmographie.* VIIIe. Division. *Histoire naturelle, Zoologie, Botanique, Minéralogie.* IX. Division. *Chimie et et Physique; Médecine.* X^e. Division. *Histoire des Nations.* XIe. Division. *Législation.* XIIe. Division. *La Morale.* XIIIe. Division. *Les Ouvrages périodiques.*

Apparemment que la théologie entre dans la division de la morale, et la bibliographie dans les belles lettres. J'avoue que ce système n'a rien de curieux, et que je rougis de voir figurer Omar à côté de Charlemagne, de François Ier. et de Léon X.

Article Troisième.

Système de M. Peignot.

Ce savant a eu la modestie d'annoncer son système sous le titre modeste d'essai ; il a suivi l'arbre des connaissances humaines tracé par *Bacon* et placé dans l'encyclopédie par *Diderot* et *d'Alembert.* J'avais d'abord employé la même méthode dans notre bibliothèque, d'après l'invitation de M. François (de Neuf-Château) alors Ministre de l'Intérieur, aujourd'hui membre du Sénat Conservateur. Mais les motifs que j'indiquerai plus bas, m'ont fait changer d'opinion.

» Avant Bacon » dit-il » les sciences étaient, pour ainsi dire, nulles; la scholastique faisait d'Aristote un impitoyable tyran, tout en défigurant ses immortelles productions; on se servait des bornes que l'inexpérience de son siècle avait mises à son génie, pour comprimer celui des modernes qui voulaient les franchir. La religion et les lois ne rougirent point de prêter quelquefois secours à l'aveugle routine qui défendait de s'écarter du sentier étroit qu'elle avait tracé d'après les principes les plus abstraits et les plus intelligibles du *maître*. Enfin, pour me servir à peu près des expressions de d'Alembert : » La vraie philosophie n'existait pas; la géométrie de l'infini n'était pas encore; la physique expérimentale était inconnue; il n'y avait point de dialectique; les lois de la saine critique étaient entièrement ignorées; l'esprit de recherche et d'émulation n'animait pas les savans; un autre esprit, moins fécond peut-être, mais plus rare, celui de justesse et de méthode, ne s'était point soumis les différentes parties de la littérature; etc. » Ajoutons qu'un aride, astucieux et minutieux ergotisme, tenait lieu de raisonnement. C'est dans cet état de choses que Bacon parut : malheureusement la politique et des disgraces dérobèrent à cet homme célèbre les instans peut-être les plus précieux de sa carrière, et c'est à ses revers que l'on doit tout ce qu'il a fait pour les sciences. Citons encore d'Alembert : » A considérer les vues saines et étendues de ce grand homme, la multitude d'objets sur lesquels son esprit s'est porté, la hardiesse de son style, qui réunit partout les plus sublimes images avec la précision la plus rigoureuse, on serait tenté de le regarder comme le plus grand, le plus universel et le plus éloquent des philosophes. Bacon, né dans le sein de la nuit la plus profonde, sentit que la philosophie n'était pas encore, quoique bien des gens se flattassent d'y exceller; car plus un siècle est grossier, plus il se croit instruit de tout ce qu'il peut savoir. Il commença donc par envisager, d'une vue générale, les divers objets de toutes les sciences naturelles; il partagea les sciences en différentes branches, dont il fit l'énumération la plus exacte qu'il lui fut possible; il examina ce que l'on savait déjà sur chacun de ces objets, et fit le catalogue immense de ce qui restait à découvrir : c'est le but de son admirable ouvrage : *De la dignité et de l'accroissement des connaissances humaines*. Dans son *Nouvel organe des sciences*, il perfectionne les vues qu'il avait données dans le premier ouvrage; il les porte plus loin, et fait connaître la nécessité de la physique expérimentale, à laquelle on ne pensait point encore. Ennemi des systêmes, il n'envisage la philosophie que comme cette partie de nos connaissances qui doit contribuer à nous rendre meilleurs ou plus heureux : il semble la borner à la science des choses utiles, et recommande partout l'étude de la nature. Ses autres écrits sont formés sur le même plan : tout, jusqu'à leurs titres, y annonce l'homme de génie, l'esprit qui voit en grand. Il y recueille des faits, il y compare des expériences, il en indique un grand nombre à faire ; il invite les savans à étudier et à perfectionner les arts, qu'il regarde comme la partie la plus essentielle de la science humaine. Il expose, avec une simplicité noble, ses conjectures et ses pensées sur les différens objets dignes d'intéresser les hommes, et il eût pu dire, comme ce vieillard de Térence, que rien de ce qui touche l'humanité ne lui était étranger. Science de la nature, morale, politique, économique, tout semble avoir été du ressort de cet esprit lumineux et profond, et l'on ne sait ce qu'on doit le plus admirer, ou des richesses qu'il répand sur tous les sujets qu'il traite, ou de la dignité avec laquelle il en parle. » L'ordre encyclopédique créé par Bacon n'a point été entièrement suivi par Diderot et d'Alembert : un mot sur ses divisions sommaires le fera voir. Il partage le système général de la connaissance humaine en trois classes : Histoire, Poésie et Philosophie, selon les trois facultés de l'entendement, *mémoire, imagination, raison.* »

» 1°. Division de l'Histoire en naturelle et civile. L'histoire naturelle a trois branches, production de la nature, fin et usage de la nature, et histoire des choses célestes. L'histoire civile est ou ecclésiastique, ou littéraire, ou civile, proprement dite. »

» 2°. Division de la Poésie en narrative, dramatique et parabolique. »

» 3°. Division générale de la science en théologie sacrée et Philosophie. La philosophie a trois branches : science de Dieu, science de la nature et science de l'homme. »

» Les subdivisions de ce système ayant beaucoup de rapport avec celles de Diderot, nous nous abstenons de les donner. Passons à l'entreprise immortelle de d'Alembert et de Diderot. »

» Il existait déjà plusieurs encyclopédies quand Leibnitz, de tous les savans le plus capable de coopérer à un travail aussi important et aussi pénible, en demandait une; il en sentait toutes les difficultés, et c'est peut-être ce qui l'a restreint à la désirer. De toutes celles qui ont paru jusqu'au milieu du 18e. siècle, celle d'Ephraïm Chambres peut tenir le premier rang; le plan et le dessein de son Dictionnaire sont excellens; » il a bien senti le mérite de l'ordre encyclopédique, ou de la chaîne par laquelle on peut descendre sans interruption des premiers principes d'une science ou d'un art jusqu'à ses conséquences les plus éloignées, et remonter de ses conséquences les plus éloignées jusqu'à ses premiers principes, passer imperceptiblement de cette science ou de cet art à un autre, et, s'il est permis de s'exprimer ainsi, faire, sans s'égarer, le tour du monde littéraire; mais, quel que soit le mérite de cet ouvrage, il a été éclipsé par cette vaste collection française à laquelle ont coopéré tant de savans et tant d'artistes; cette entreprise inconcevable par le nombre, la variété et la richesse des matériaux fera époque dans les fastes littéraires, nonseulement de la France, mais de toutes les nations civilisées. Les deux célèbres éditeurs qui ont gravé leur nom sur la première pierre de cet édifice colossal, et qui en ont si bien tracé le frontispice, ont droit à la reconnaissance de la postérité la plus reculée. Nous n'entrerons dans aucun détail sur cette production immortelle; on en trouvera de très-précieux dans le discours préliminaire fait par d'Alembert. Nous nous contenterons de donner ici une notice abrégée du système des connaissances humaines que Diderot a placé à la suite de ce discours. En abrégeant le tableau du système, nous y avons fait quelques légers changemens qui tiennent au cadre étroit que la nature de notre ouvrage nous force de donner à un aussi riche tableau. »

» Les êtres physiques, dit Diderot, agissent sur les sens. Les impressions de ces êtres en excitent les perceptions dans l'entendement. L'entendement ne s'occupe de ces perceptions que de trois façons, selon ses trois facultés principales, la mémoire, la raison, l'imagination : ou l'entendement fait un dénombrement pur et simple de ses perceptions par la mémoire, ou il les examine, les compare et les digère par la raison, ou il se plait à les imiter et à les contrefaire par l'imagination. D'où résulte une distribution générale de la connaissance humaine qui paraît assez bien fondée en *histoire*, qui se rapporte à la *mémoire*, en *philosophie*, qui émane de la *raison*, et en *poésie*, qui naît de l'*imagination*. Nous allons parcourir rapidement ces trois grandes branches : MÉMOIRE d'où HISTOIRE.
RAISON d'où PHILOSOPHIE.
IMAGINATION d'où POÉSIE.

HISTOIRE. Elle se divise, 1°. en histoire *sacrée* ou *ecclésiastique*.

II°. En histoire civile, que l'on peut subdiviser en *mémoires*, en *antiquités* et en histoire complette, qui comprend l'*ancienne*, la *moyenne*, la *moderne*, et l'*histoire littéraire*.

Et III°. en *histoire naturelle*, qui comprend 1°. celle de l'*uniformité de la nature*, telle qu'on la voit dans l'histoire céleste, et dans l'histoire des météores, de la terre, de la mer, des minéraux, des végétaux, des animaux et des élémens; 2°. celle des *écarts de la nature*, comme dans les prodiges célestes, les météores prodigieux, les prodiges sur terre et sur mer, les minéraux, végétaux et animaux monstrueux, et les prodiges des élémens; 3°. enfin celle des *usages de la nature*, c'est-à-dire, l'histoire des différens usages des productions de la nature que l'on emploie dans les arts, métiers et manufactures. Les arts et métiers sont au nombre de plus de deux cent cinquante.

PHILOSOPHIE. Elle se divise sommairement, I°. en MÉTAPHYSIQUE GÉNÉRALE OU ONTOLOGIE, qui est la science de l'*être en général*, de la *possibilité*, de l'*existence*, de la *durée*, de la *substance*, de l'*attribut*, etc.

II°. En MÉTAPHYSIQUE PARTICULIÈRE OU PNEUMATOLOGIE, qui est la *science de l'ame*, que l'on subdivise en *science de l'ame raisonnable*, et *science de l'ame sensitive*.

3 *

III°. En SCIENCE DE L'HOMME, qui embrasse la *logique* et la *morale*. C'est par la logique que l'homme doit diriger son entendement à la vérité, et c'est par la morale qu'il doit plier sa volonté à la vertu.

Et IV°. en SCIENCE DE LA NATURE, qui traite de la *métaphysique des corps*, c'est-à-dire, de la PHYSIQUE GÉNÉRALE, des MATHÉMATIQUES et de la PHYSIQUE PARTICULIÈRE.

Revenons aux subdivisions des deux dernières parties de la philosophie.

La LOGIQUE, première partie de la science de l'homme, renferme, 1°. *l'art de penser*, qui comprend *l'appréhension* ou science des idées, le *jugement* ou science des propositions, le *raisonnement* ou science de l'induction, et enfin *la méthode* ou science de la démonstration, d'où analyse et synthèse.

2°. L'ART DE RETENIR, qui provient de la *mémoire*, soit naturelle, soit artificielle, ou du *supplément* à la *mémoire*, qui consiste dans l'écriture ou *imprimerie*, d'où l'*alphabet* et les *chiffres*, l'art d'écrire, d'imprimer, de *lire*, de *déchiffrer*, et l'orthographe.

3°. L'ART DE COMMUNIQUER, qui n'a que deux objets : le premier est *la science de l'instrument du discours*, qui renferme la *grammaire*, que l'on distribue en science des signes, de la prosodie ou prononciation, de la construction et de la syntaxe. On rapporte aussi à l'art de communiquer ou de transmettre, la *philologie*, la *critique* et la *pédagogie*, qui traite du choix des études et de la manière d'enseigner. La *grammaire* parle aussi des *signes*, qui regardent, soit le *geste*, d'où *pantomime*, soit le *geste* et la *voix*, d'où *déclamation*, soit les *caractères*, qui sont *idéaux*, ou *hyéroglyphiques* ou *héraldiques*.

Le second objet de l'ART DE COMMUNIQUER est la *science des qualités du discours*, d'où *rhétorique* et *versification* ou mécanisme de la poésie.

La MORALE, seconde partie de la science de l'homme, se divise en GÉNÉRALE et PARTICULIÈRE. La GÉNÉRALE traite de la *science du bien et du mal* en général, de la *nécessité de remplir ses devoirs*, d'être bon, juste, vertueux, etc.

La PARTICULIÈRE se distribue en *jurisprudence naturelle*, qui est la *science des devoirs de l'homme seul*, en *jurisprudence économique*, qui est la *science des devoirs de l'homme en famille*, et en *jurisprudence politique*, qui est la *science des devoirs de l'homme en société*, et même la science des devoirs réciproques des sociétés. Cette dernière renferme le commerce intérieur, extérieur, de terre et de mer, la politique, etc.

Passons à la science de la nature. Elle considère d'abord la PHYSIQUE GÉNÉRALE, qui traite des abstraits convenables à tous les individus corporels, comme de *l'étendue*, de *l'impénétrabilité*, du *mouvement* et du *vide*, etc.

Ensuite viennent les MATHÉMATIQUES, divisées en *pures* et en *mixtes*.

Les PURES renferment *l'arithmétique* et la *géométrie*. L'arithmétique est ou *numérique*, c'est-à-dire, par chiffres, ou *algébrique*, c'est-à-dire, par lettres : cette dernière n'est autre chose que le calcul des grandeurs en général, et dont les opérations ne sont proprement que des opérations arithmétiques, indiquées d'une manière abrégée. L'algèbre est ou *élémentaire*, ou *infinitésimale* : l'infinitésimale est ou *différentielle*, quand il s'agit de descendre de l'expression d'une quantité finie ou considérée comme telle, à l'expression de son accroissement ou de sa diminution instantanée; ou *intégrale*, quand il s'agit de remonter de cette expression à la quantité finie même. La *géométrie* est ou *élémentaire*, quand elle n'embrasse que les propriétés du cercle ou de la ligne droite, ou *transcendante*, quand elle embrasse dans ses spéculations toutes sortes de courbes. L'*architecture militaire*, la *tactique* et la *théorie des courbes* sont du ressort de la *géométrie*.

Les MIXTES comprennent, 1°. La *mécanique*, qui considère les corps en tant que mobiles ou tendant à se mouvoir : on la divise en *statique* et en *dynamique*. La *statique* renferme la *statique proprement dite*, qui a pour objet la quantité considérée dans les corps solides en équilibre et tendant seulement à se mouvoir : et l'*hydrostatique*, qui a pour objet la quantité considérée dans les corps fluides en équilibre et tendant seulement à se mouvoir.

La *Dynamique* a pour objet la quantité considérée dans les corps solides actuellement mus, et l'*hydrodynamique* a le même objet dans les corps fluides actuellement mus.

L'*hydraulique* a pour objet la quantité dans les eaux actuellement mues.

La *navigation* a rapport à l'*hydrodynamique*, et la *ballistique*, ou le jet des bombes, se rapporte à la *mécanique*.

2°. L'*astronomie géométrique* renferme d'abord la *cosmographie* ou description de l'univers, que l'on divise en *uranographie* ou description du ciel, en *hydrographie* ou description des eaux, et en *géographie*, ou description de la terre : elle renferme aussi la *chronologie*, qui est la science des dates, ainsi que la *gnomonique*, qui est l'art de construire les cadrans.

3°. L'*optique* a rapport à la quantité considérée dans la lumière. L'*optique*, *proprement dite*, traite de la lumière mue en ligne directe; la *catoptrique* traite de la lumière réfléchie dans un même milieu, et la *dioptrique* traite de la lumière rompue en passant d'un milieu dans un autre. La *perspective* est du ressort de l'optique.

4°. L'*acoustique* traite de la quantité considérée dans le son, dans sa véhémence, dans son mouvement, dans ses degrés, dans ses réflexions, dans sa vitesse, etc.

5°. La *pneumatique* parle de la quantité considérée dans l'air, sa pesanteur, son mouvement, sa condensation, sa raréfaction, etc.

6°. Enfin l'*art de conjecturer*, qui s'applique à la quantité considérée dans la possibilité des événemens, d'où naît l'analyse des hasards.

La troisième partie de la science de la nature est la PHYSIQUE PARTICULIÈRE : elle traite 1°. de la ZOOLOGIE, qui est la science de la *conservation*, de la *propagation*, de l'*usage* et de l'*organisation* des animaux, d'où sont émanés l'*anatomie* simple, l'*anatomie* composée et la *physiologie*, qui traite de l'économie du corps humain, et raisonne son anatomie.

La *médecine* prend le nom d'*hygiène* quand elle s'occupe de la manière de garantir le corps humain des maladies. Si elle considère le corps malade, et traite des causes, des différences et des symptômes des maladies, elle s'appèle *pathologie* ; si elle a pour objet les signes de la vie, de la santé et des maladies, leur diagnostic et leur prognostic, elle prend le nom de *séméiotique* ; si elle traite de l'art de guérir, elle se nomme *thérapeutique*, et renferme trois objets, la *diète*, la *chirurgie* et la *pharmacie*.

L'hygiène proprement dite, a rapport à la santé du corps : si elle a rapport à la beauté, elle se nomme *cosmétique* et produit l'*orthopédie*, qui est l'art de procurer aux membres une belle conformation ; si elle a rapport à ses forces, on l'appèle *athlétique*, d'où naît la *gymnastique*, qui est l'art d'exercer les corps.

La *vétérinaire*, le *manège*, la *chasse*, la *pêche* et la *fauconnerie* sont encore relatifs à la zoologie.

2°. L'*astronomie physique* est une science qui conduit à la recherche de l'origine et des causes des phénomènes, du mouvement des astres, de leurs apparences sensibles, etc. L'*astrologie* est la science de leur influence, d'où l'*astrologie physique* et l'*astrologie judiciaire*.

3°. La *météorologie* est la science de l'origine, des causes et des effets des météores, tels que pluies, vents, grêles, tonnerre, etc.

4°. La *cosmologie* embrasse la science de l'univers : elle se divise en *uranologie*, ou

II 4

science du ciel, en *aérologie*, ou science de l'air, en *géologie*, ou science de la terre, et en *hydrologie*, ou science des eaux.

5°. La *botanique* est la science de l'économie, de la propagation, de la culture et de la végétation des plantes. Elle a deux branches qui sont : l'*agriculture* et le *jardinage*.

6°. La *minéralogie* est la science de la recherche, de la formation et du travail des mines.

7°. La *chimie* est la science qui conduit à la recherche des propriétés intérieures ou occultes des corps naturels ; ou elle décompose les êtres, ou elle les revivifie, ou elle les transforme, etc.

La *métallurgie*, ou l'art de traiter les métaux en grand, est une branche importante de la chimie. Cette dernière a donné naissance à l'*alchimie* et à la *magie naturelle*. On rapporte à cette science la *pyrotechnie* et la *teinture*.

POÉSIE. Elle est ou *narrative*, comme dans le poëme épique, le madrigal, l'épigramme, le roman, etc., ou *dramatique*, comme dans la tragédie, la comédie, l'opéra, l'églogue, la pastorale, etc., ou *parabolique*, comme dans les allégories.

La *musique* se rapporte à la poésie, puisqu'elle est le fruit de l'*imagination* ; elle est ou *théorique* ou *pratique*, ou *instrumentale* ou *vocale*.

La *peinture*, la *sculpture*, la *gravure* et l'*architecture civile* sont aussi du ressort de l'*imagination*.

» Tel est à peuprès le sommaire des connaissances humaines, présenté par l'un des célèbres coopérateurs de l'Encyclopédie. »

» D'après cette esquisse presque universelle, il est facile de juger des rapports plus ou moins éloignés que les sciences ont entre elles; on les voit pour ainsi dire se tenir toutes comme par la main, et se prêter un mutuel secours; il est impossible d'en isoler une : trois ou quatre la suivent nécessairement. Quelle est celle à laquelle sont étrangers l'art de penser, l'art de retenir, l'art de communiquer, en un mot la logique et toutes les parties qui en dépendent? Quelle est celle que l'on peut posséder sans avoir des notions au moins élémentaires, soit d'une partie des mathématiques, soit de physique générale ou particulière? Comment pourra-t-on lire l'histoire, si l'on ignore ce que l'on entend par droit naturel, droit des gens, droit public, droit civil, politique, tactique, belles-lettres, arts libéraux et arts mécaniques? Quel est l'homme assez hardi pour aborder le temple de la nature, si les Pline, les Buffon, les Bonnet, les Valmont de Bomare, ne lui remettent entre les mains la clef des sciences indispensables à l'étude de l'histoire naturelle ? La botanique, et la chimie dans ses procédés relatifs à l'art de guérir, sont aussi essentiels à la médecine, que la géométrie et le dessin le sont à l'architecture. Serez-vous poëte si vous ne savez ni parler, ni lire, ni écrire correctement votre langue, si vous n'avez pas une teinture de la mythologie, et si vous n'avez pas étudié le mécanisme des vers ? Serez-vous orateur sans connaître les principes de l'art que les Démosthènes, les Eschile, les Cicéron, les Quintilien, les Bossuet, les Fléchier, les Mirabeau ont si bien possédé ! La sculpture et la peinture exigent une étude approfondie non seulement du dessin, mais d'une infinité de connaissances qui tiennent autant aux mathématiques et à la physique, pour le matériel de l'art, qu'à la fable et à l'histoire, pour le goût. Que seraient la géographie et le commerce sans la navigation ? que serait la navigation sans l'astronomie ? et l'astronomie existerait-elle sans le calcul et sans la précision de l'observation ? Enfin on peut dire que toutes les sciences sont de la même famille; mais c'est particulièrement aux bibliographes à connaître les degrés de parenté (si j'ose me servir de ce terme) qui existent entre elles; car c'est de cette connaissance que dépendra leur classification. Nous conclurons donc, de tout ce que nous venons de dire, que l'on ne peut qu'applaudir à la manière aussi savante que profonde dont les éditeurs de l'encyclopédie ont changé, corrigé et augmenté le système général de la connaissance humaine suivant Bacon. On voit que, dans l'arbre qu'ils ont enté sur celui du chancelier, ils suivent beaucoup mieux les divisions et les sous-divisions; on y apperçoit mieux la filiation et l'enchaînement de tout ce qui est du ressort de l'entendement humain; mais ce tableau, que l'on peut regarder, pour ainsi dire, comme parfait quant à sa disposition encyclopédique, jouirait-il du même avantage si, dans les sous-divisions, on suivait le même ordre relativement à un système bibliographique? nous ne le croyons pas, et nous fondons notre opinion sur un exemple pris au hasard : à la classe MÉMOIRE, on parle de *l'histoire du ciel*, de *l'histoire des météores, de la terre, de la mer*, etc.; à la classe RAISON (MATHÉMATIQUES MIXTES), on parle *d'uranographie, de géographie, d'hydrographie*, etc., et à l'article PHYSIQUE PARTICULIÈRE, *d'uranologie, d'aérologie, de géologie, d'hydrologie*, etc. Voilà dans trois endroits très-distincts des objets qui ont un rapport intime entre eux, et qui, quoique séparés à propos dans un système encyclopédique, pourraient, l'étant ainsi dans un système bibliographique, y mettre de la confusion. Nous pourrions encore citer d'autres exemples qui prouveraient qu'il existe et qu'il doit exister une différence frappante, entre la classification des connaissances humaines et celle des livres qui les renferment; dans la dernière, on ne peut atteindre avec précision toutes les nuances qui se trouvent dans une même science, comme on peut le faire dans un tableau purement encyclopédique; c'est ce qui nous a décidé à faire plusieurs changemens que nous avons cru nécessaires dans les détails, tout en respectant les principales divisions de Diderot. 1°. Mémoire ou histoire; 2°. raison, philosophie ou science; 3°. imagination, poésie, arts libéraux, arts mécaniques; telles sont les trois branches que nous faisons sortir du tronc commun de l'entendement humain. Nous n'avons pas cru devoir placer dans la première classe les arts, métiers, manufactures, etc., parce qu'il nous semble que l'imagination a eu plus de part aux arts et métiers, que la nature, qui n'a fait que fournir les matériaux bruts que le génie a souvent dénaturés pour les plier à nos usages; ainsi, au lieu de placer à l'article *histoire naturelle* les usages de la nature, nous les transporterons à la fin de la classe *imagination*. »

» L'esquisse du système que nous allons donner est très-incomplète, mais nous ne la présentons que comme un simple essai dont les imperfections même peuvent être utiles pour conduire par la suite à la découverte d'une nouvelle classification, préférable à celles qui existent. Un objet essentiel qui doit être à la tête de tout système de ce genre, est la partie bibliographique : plusieurs savans ont fait sentir la nécessité de cet ordre, et nous nous empressons de l'adopter; en effet, c'est la bibliographie qui présente le fil qui doit guider l'amateur dans le labyrinthe littéraire nommé bibliothèque; c'est elle qui doit diriger son choix et le fixer sur les meilleurs ouvrages, sur les meilleures éditions; par conséquent il faut qu'elle se trouve sous la main, dès qu'il paraît dans le lieu qui renferme une vaste collection de livres. Nous commencerons donc par l'article bibliographie, et ensuite nous donnerons les grandes divisions sans nous astreindre aux sous-divisions, qu'il est très-facile de placer soi-même, parce qu'on les voit dans presque toutes les classifications dont nous avons parlé plus haut; nous n'avons point motivé l'ordre observé dans chaque division, soit parce que cela nous aurait conduit trop loin, soit parce que l'on s'appercevra aisément que nous avons cherché à réunir méthodiquement toutes les connaissances qui ont le plus de rapport entre elles. »

ESQUISSE DU SYSTÊME.

Bibliographie.

Bibliologie ou introduction à la connaissance de la bibliographie théorique et pratique, raisonnée ou technique.
Bibliographes généraux.
Bibliographes particuliers.
Diplomatique.
Typographie.
Catalogues de bibliothèques publiques.
Catalogues de bibliothèques particulières.
Catalogues de livres.
Dictionnaires bibliographiques.

I.

HISTOIRE.

Prolégomènes historiques.
Cosmographie élémentaire.
Astronomie.
Géographie.
Hydrographie.
Voyages anciens.
Voyages autour du monde.
Voyages généraux ou particuliers.

Voyages généraux ou particuliers en Europe.
en Asie.
en Afrique.
en Amérique.

Atlas et cartes géographiques.
Atlas et cartes hydrographiques.
Dictionnaires géographiques.
Chronologie.
Histoire universelle.
Histoire ancienne, générale ou particulière
des différens peuples d'Asie.
d'Afrique.
d'Europe.
Histoire moderne, générale ou particulière
des différens peuples d'Europe.
d'Asie.
d'Afrique.
d'Amérique.
Histoire générale de chacune des quatre parties du monde.
Chroniques.
Mémoires historiques.
Biographie.
Journaux historiques.
Dictionnaires historiques.

(54)

HISTOIRE LITTÉRAIRE.

Prolégomènes.
Histoire littéraire universelle.
Histoire littéraire générale ancienne.
Histoire littéraire particulière ancienne.
   des Égyptiens.
   des Hébreux.
   des Grecs.
   des Romains.
   des peuples du Nord.
   des peuples l'Orient, etc.
Histoire littéraire générale moderne.
Histoire littéraire générale moderne.
    d'Italie.
    de France.
    d'Allemagne.
    du Nord, etc.
Histoire particulière de chaque science.
Mémoires littéraires.
Biographie des savans.
Journaux littéraires.
Dictionnaires historiques des savans.

HISTOIRE DES RELIGIONS.

Prolégomènes.
Histoire universelle des religions.

Histoire ancienne générale des religions.
Histoire ancienne particulière de la religion
    des Égyptiens.
    des Hébreux.
    des Grecs.
    des Romains.
    des peuples du Nord.
Histoire moderne générale des religions.
Histoire moderne particulière de la religion
    des Chrétiens.
    des Musulmans.
Histoire moderne particulière de la religion des peuples qui ne sont soumis ni au christianisme ni à l'islamisme
    en Asie.
    en Afrique.
    en Amérique.
Histoire sacrée des Hébreux.
Histoire ecclésiastique.
Histoire des SS. pères.
Histoire des conciles.
Histoire monastique.
Histoire de l'inquisition.
Journaux ecclésiastiques.
Dictionnaires historiques des religions.

HISTOIRE NATURELLE.

Prolégomènes.
Traités généraux d'histoire naturelle.

Géologie.
Hydrologie.
Météorologie.
Traités particuliers d'histoire naturelle.
Règne animal.
  Histoire naturelle
      de l'homme.
      des quadrupèdes.
      des oiseaux.
      des insectes.
      des reptiles.
      des poissons.
      des crustacées.
      des testacées.
     des polypes et des polypiers.
Règne végétal.
  Traités généraux de botanique.
    Nomenclature des végétaux.
    Culture des végétaux.
    Propriétés des végétaux.
   Traités de botanique
      des arbres.
      des plantes.
      des fleurs, etc.
  Traités d'agriculture.
  Traités du jardinage.
Règne minéral.
  Traités généraux de minéralogie.

    Des terres.
    Des pierres.
    Des fossiles.
    Des minéraux.
    Des métaux.
    Des concrescences.
    Des pétrifications, etc.

Écarts de la nature.
    Monstres.
    Prodiges, etc.

Dictionnaires généraux d'histoire naturelle.
Dictionnaires particuliers d'histoire naturelle.
De la chimie.

I I.

PHILOSOPHIE.

Traités généraux de philosophie.
Traités généraux et particuliers de métaphysique.
   Erreurs de l'esprit humain.
    De l'astrologie.
    De la cabale.
    De la magie.
    Des sorciers.
    De l'alchimie, etc.

SCIENCE DE DIEU.

Théologie naturelle
> du théisme.

Théologie révélée.

Textes des livres sacrés dans les différentes religions.
> Commentateurs des textes.
> Théologiens.
> Liturgies.
> Théologie hétérodoxe.
> Athéisme.

SCIENCE DE L'HOMME.

De la logique.
> De l'art de penser.
> De l'art de retenir.
> De l'art de communiquer.

De la grammaire.

De la syntaxe.

De la rhétorique.

Rhéteurs et orateurs, tant anciens que modernes.

De la philologie ou critique.

De la polygraphie.

Des épistolaires.

De la morale.

Traités généraux de morale.
Traités particuliers de morale.
>De la jurisprudence naturelle ou des devoirs de l'homme seul.
>De la jurisprudence économique, ou des devoirs de l'homme en famille.
>De la jurisprudence politique, ou des devoirs de l'homme en société.
>De la jurisprudence, proprement dite.
>Du droit de la nature.
>Du droit des gens.
>Du droit public.
>Du droit civil ou romain.
>Du droit français.
>Du droit étranger.
>Du droit canonique.
>Du droit ecclésiastique de France.
>Du droit ecclésiastique étranger.
>De la politique.
>De la diplomatique.
>Du commerce.

SCIENCE DE LA NATURE.

Des mathématiques.
Traités généraux de mathématiques.
Traités particuliers de mathématiques élémentaires.

De l'arithmétique.
De l'algèbre.
De la géométrie.
De la trigonométrie.

Traités particuliers de mathématiques transcendentes.

Du calcul de l'infini, etc.

De la physique.
Traités généraux de physique.
Traités particuliers de physique.
Physique expérimentale.
Optique.
Mécanique.
Statique.

De la médecine.
De l'hygiène.
De la pathologie.
De la séméiotique.
De la thérapeutique.

De la chirurgie.
De l'anatomie.
De l'ostéologie ou des os.
De la myologie ou des muscles.
De la splanchnologie ou des viscères.
De l'angéiologie ou des artères.
De la névrologie ou des nerfs.
De l'adénologie ou des glandes.

De la pharmacie.

De la médecine vétérinaire.
De la gymnastique.

III.

IMAGINATION.

Poésie.
Traités généraux ou particuliers de poétique.
Traités généraux ou particuliers de mythologie.
De la versification ou mécanisme des vers.
      grecs.
      latins.
      français.
      italiens.
      espagnols.
      anglais.
      allemands, etc.
 Du poëme épique.
 Du poëme didactique.
 De la satyre.
 De la fable.
 De la poésie bucolique.
 De la poésie lyrique.
 Des pièces fugitives.
 De la poésie simplement narrative.
     des nouvelles.
     des contes.
     des historiettes, etc.

De la poésie prosaïque.
Des romans
      gothiques, de chevalerie ou héroïques.
      historiques.
      allégoriques.
      fabuleux.
      moraux.
      galans.
      contes et nouvelles.
      bons mots, facéties, etc.
Des beaux-arts.
    De l'architecture
        civile.
        navale.
        militaire.
    Du dessin.
    De la peinture.
    De la sculpture.
    De la gravure.
    De l'art militaire.
    De la musique.
Des arts mécaniques ou métiers.

ARTICLE QUATRIÈME.

Système du Répertoire d'Iéna.

Le mérite essentiel de ce Répertoire, reconnu en Allemagne, est l'étendue de ses divisions et soudivisions. Nous allons le faire connaître en entier.

Sommaire de la Table encyclopédique, d'après laquelle a été disposé le classement des livres dans le RÉPERTOIRE GÉNÉRAL DE LITTÉRATURE *publié à Iéna, par les Rédacteurs de la* Gazette générale de Littérature, *traduit de l'allemand.*

Premier tableau. *Littérature générale.*
I. *En général.*
  1. Traités généraux.
  2. Ouvrages littéraires.
II. *En particulier.*
  1. Idée et parties de l'Érudition.
  2. Sujet ; *Savans.*
  3. Importance et influence de l'érudition.
  4. Chemin à suivre pour parvenir à l'Érudition.
    1) Étude ; *Méthodique.*
    2) Enseignement ou instruction ; *Didactique.*
      a. *En général.*
      b. *En particulier.*
        a) De vive voix.
        b) Par écrit ; *Profession d'auteurs et composition de livres* (Schriftstellerey).
  5. Moyens d'avancement, obstacles et défauts de l'Érudition.
    1 (En général.
    2) En particulier.

a. *Moyens d'avancement.*
   a) Etablissemens propres à l'instruction, et Sociétés savantes.
   b) Librairie, Bibliothéques et Sociétés de lecture.
b. *Obstacles.*
c. *Défauts.*
   a) De l'Objet, ou des Sciences.
   b) Du Sujet, ou des savans.

Deuxième Tableau. *Philologie.*
I. *En général.*
  I) Introductions générales encyclopédiques.
  II) Ouvrages mélangés pour servir à la connaissance générale et particulière des Langues.
  III) Ouvrages propres à la connaissance générale des Langues.
    1. *Ouvrages mélangés.*
    2. *Ouvrages particuliers.*
     1) Histoire générale des Langues.
     2) Grammaire générale.
     3) Lexicographie générale.
     4) Théorie générale de l'art de l'interprétation et de la traduction.
     5) Rapprochement et comparaison de différentes Langues.
  IV) Ouvrages mélangés pour servir à l'instruction vulgaire dans les Langues mortes en même tems que dans les Langues vivantes.
    1. *Méthodique et Didactique.*
    2. *Ouvrages de Grammaire.*
    3. *Ouvrages de Lexicographie.*

II. *En particulier.*
  1) Langues Asiatiques.

   A. *En général ou plusieurs.*
   1. Ouvrages pour servir d'introduction.
   2. Monumens, Documens (*Urkunden*).
   3. Ouvrages de Grammaire.
   4. Chrestomathies.
   5. Histoire et Bibliographie.

   B. *Langues Asiatiques traitées spécialement.*
   1. Hébraïque.
   2. Chaldaïque.
   3. Syriaque.
   4. Arabe.
   5. Persane.
   6. Turque.
   7. Indienne.
   8. Chinoise.

  II) Langues Européennes.

   (I) *Langues anciennes; Littérature grecque et romaine.*

   A. En commun.
   1. *Ouvrages pour servir d'introduction.*
   2. *Ouvrages mélangés.*
     1) De plusieurs Auteurs.
     2) D'un seul Auteur.
       a. *Propédeutique et Histoire littéraire.*
       b. *Collections de Documens* (*Urkunden*), et d'Ouvrages propres à en donner l'explication.

      a) Écrivains.
      b) Inscriptions.
- B. En particulier.
  - A) *Littérature grecque.*
    1. Ouvrages généraux et mélangés.
    2. Documens (*Urkunden*), avec les ouvrages propres à en donner l'explication.
       1) *Écrivains.*
          a. De différentes classes.
          b. Écrivains d'une classe spéciale; Grammairiens, Poëtes, etc.
       2) *Inscriptions.*
    3. Ouvrages de Grammaire.
    4. Lexicographie.
    5. Chrestomathies et Choix de lecture.
  - B) *Littérature romaine.*
    1. Ouvrages isagogiques.
    2. Documens (*Urkunden*).
       1) *Éditions et Commentaires d'Auteur latins.*
          a. En général.
          b. En particulier; Grammairiens, Poëtes, etc.
       2) *Inscriptions.*
    3. Ouvrages de Grammaire.
    4. Lexicographie.
    5. Ouvrages à l'usage des Enfans et de la Jeunesse, pour apprendre la Langue latine.

(II) *Langues vivantes.*

  A. Toutes, ou plusieurs à la fois.
  B. Chacune en particulier.

(A) *Langues dérivées du Latin.*

1. Portugaise.
2. Espagnole.
3. Italienne.
4. Française.

(B) *Langues Germaniques.*

5. Allemande.
6. Hollandoise.
7. Anglaise.
8. Danoise.
9. Groënlandaise.
10. Suédoise.

(C) *Langues Esclavonnes.*

11. Bohémienne.
12. Esclavonne, mêlée d'Illyrien.
13. Hongroise.
14. Polonaise.
15. Russe.

III) Langues Africaines.

Troisième Tableau. *Théologie.*

I. En général.

1) Traités et autres ouvrages généraux.

1. *Encyclopédies et Lexiques des Choses* (Réal-Encyklopädieen und Real-Lexica).
2. *Encyclopédies des Formes* (Formal-Encyklopädieen), *avec d'autres Ouvrages propres à servir d'Introduction.*

II) Ouvrages mélangés.
  1. *Pères de l'Église.*
  2. *Ouvrages mélangés d'Auteurs modernes.*

III) Histoire littéraire et Bibliographie.

II. Parties séparées de la Théologie.

I) *Connaissance des Sources, ou Littérature de la Bible.*

(1) Ouvrages généraux sur toute la Bible.
  1. *Sur plusieurs points de vue.*
  2. *Sous des points de vue particuliers.*
    A. Éditions et Traductions du Texte original.
      1) *En totalité.*
      2) *Extraits.*
    B. Apparat de la Bible, ou Ouvrages sur l'Ancien et le Nouveau Testament tout à la fois.
      1) *En général.*
      2) *En particulier.*
        (1) Introduction.
        (2) Critique du Texte de la Bible.
        (3) Exégèse.
          a. *Théorie ou Herméneutique.*
          b. *Exégèse de la Bible, proprement dite.*
            a) Ouvrages exégétiques généraux.
            b) Ouvrages exégétiques mélangés.
            c) Commentaires lexicographiques.
            d) Commentaires tirés des Auteurs profanes.
            e) Commentaires tirés de différentes Disciplines.
          c. *Histoire de l'Exégèse.*

(II) Ouvrages concernant l'Ancien Testament.
  1. *En général.*
    1) Éditions du Texte et Traductions de plusieurs Livres.
    2) Apparat pour l'Ancien Testament.
      a. *En général.*
      b. *En particulier.*
        a) Introduction.
        b) Critique.
        c) Exégèse.
  2. *Livres particuliers de l'Ancien Testament.*
    1) Canoniques.
    2) Apocryphes.

(III) Ouvrages concernant le Nouveau Testament.
  1. *En général.*
    1) Éditions et Traductions du Texte.
    2) Apparat pour le Nouveau Testament.
      a. *Introduction.*
      b. *Critique.*
      c. *Exégèse.*
  2. *Parties détachées du Nouveau Testament.*
    1) Canoniques.
    2) Apocryphes.

(IV) Ouvrages sur la Bible à l'usage du Peuple (*Populare Schriften*).
  1. Ouvrages pour servir d'Introduction.
  2. Ouvrages pour servir d'Éclaircissemens sur la Bible, et les Extraits qui en sont tirés.

II) *Systême de Théologie.*
  (1) Théologie systématique.
    A. *Ouvrages généraux sur la Religion.*

1. Ouvrages pour servir d'Introduction.
2. Ouvrages mélangés sur la Religion.
3. Ouvrages pour et contre la Religion chrétienne.
   1) Ouvrages par les Antagonistes de la Religion, avec leur Réplique.
   2) Ouvrages apologétiques.
      a. Contre les Déistes et les Esprits forts (Naturalisten).
      b. Contre les Juifs.
   3) Ouvrages sur des Argumens spéciaux.

B. En particulier.
  A) Dogmatique.
   1. Ouvrages acromatiques.
     1) Histoire de ces ouvrages en général.
     2) Ouvrages dogmatiques modernes.
       a. Thèse.
         a) Des Protestans.
         b) Des Catholiques.
       b. Antithèse.
         a) Essais sur les moyens de mettre fin à toute Controverse.
         b) Controverses même.
   2. Ouvrages sur le Symbole.
     1) De l'Église protestante.
     2) De l'Église catholique.
  B) Morale théologique ou chrétienne.
   1. Des Protestans.
   2. Des Catholiques.
  C. Ouvrages sur la Religion pour le Peuple, avec des Livres pour l'Instruction des enfans.

(II) Théologie mystique.

III) *Histoire de la Religion et de l'Église chrétiennes, ou Théologie historique.*

(1) Ouvrages acroamatiques.

A. *Ouvrages pour servir d'Introduction.*
B. *Histoire même.*
1. Ouvrages généraux et mélangés.
   1) *Par les Protestans.*
   2) *Par les Catholiques.*
2. Ouvrages particuliers.
   1) *Histoire de périodes spéciales.*
   2) *Histoire d'Événemens particuliers, d'après certains points de vue.*
      (1) Propagation de la Religion chrétienne.
      (2) Histoire des obstacles qu'a éprouvés cette Propagation; *Persécutions.*
      (3) Histoire de la Doctrine chrétienne, et Controverses à ce sujet.
      (4) Histoire des Conciles.
      (5) Histoire des Réglemens et des Usages de l'Église.
      (6) Histoire des Saints.
      (7) Histoire de la Hiérarchie.
         a. *En général.*
         b. *En particulier.*
            a) Histoire des Papes, des Cardinaux et des Évêques.
            b) Histoire des Ordres ecclésiastiques.
            c) Histoire des Confrairies ecclésiastiques.
            d) Histoire des Paroisses; *Géographie ecclésiastique.*

(8) Histoire des Partis en matière de Religion.
- a. *Des Catholiques romains.*
- b. *Des Schismatiques et des Réformateurs.*
   - a) Avant la Réforme de Luther.
   - b) Histoire des Protestans.
- c. *De l'Église grecque.*

5) *Histoire ecclésiastique de Pays particuliers, de Villes,* etc.

(II) Ouvrage à l'usage du Peuple (*Populare Schriften*).

IV) *Théologie pastorale.*

(I) En général.
1. *Par des Protestans.*
2. *Par des Catholiques.*

(II) En particulier.

A. *De l'instruction à donner par le Ministre, par les Homélies et le Catéchisme.*
1. En général.
2. En particulier.
   1) *Tout ce qui tient à l'Homélie* (Homiletik).
      - a. Par des Protestans.
        - a) *Théorie.*
        - b) *Histoire et Littérature.*
      - b. Par des Catholiques.
   2) *Tout ce qui concerne le Catéchisme* (Katechetik).

B. *Des devoirs et des rapports du Minis-*

tre envers ses *Ouailles* ou *Guide du Pasteur*.
1. Par des Protestans.
2. Par des Catholiques.

C. Tout ce qui a rapport à la *Liturgie*. (Liturgik).
1. Pour des Protestans.
   1) En Allemagne.
   2) En Angleterre.
   3) En Danemark.
   4) En Suède.
2. Pour des Catholiques.

V) *Ouvrages Ascétiques* (Erbauungsschriften).
(I) Sermons.
   A. Par des Protestans et les Sectes qui en dépendent.
      1. Collections mélangées.
         1) Canevas et Matériaux.
         2) Sermons travaillés.
      2. Spécialement.
         1) Sermons qui ne se rapportent point à des Circonstances, à des Etats et à des Occasions particulières.
         2) Sermons qui se rapportent à des Circonstances, à des Etats et à des Occasions particulières.
   B. Par des Catholiques.
(II) Ouvrages qui tiennent lieu de Sermons.
   1. Mandemens par des Evêques protestans et d'autres Supérieurs aux Ministres de leur diocèse, et par les Ministres à leurs Paroissiens.

2. Brefs du Pape, et Mandemens des Évêques, Lettres pastorales, etc.

(III) Ouvrages Ascétiques d'autre espèce pour la dévotion particulière.
  A. *Par des Protestans.*
    1. Ouvrages généraux et mélangés.
    2. Ouvrages particuliers.
      1) *Sans rapports à des Époques, à des États et Circonstances particulières.*
      2) *Sous rapport subjectif.*
  B. *Par des Catholiques.*

(IV) Livres de Cantiques et de Prières.
  A. *Par des Protestans.*
    1. Livres de Cantiques.
    2. Livres de Prières.
  B. *Par des Catholiques.*
    1. Livres de Cantiques et de Prières tout à la fois.
    2. Séparément.
      1) *Livres de Cantiques.*
      2) *Livres de Prières.*
  C. *Par des Arméniens.*

Quatrième Tableau. *Jurisprudence.*
I. *En général.*
  1) Traités et autres Ouvrages généraux.
    1. *Encyclopédies.*
      a. Analogue à l'Histoire du droit.
      b. Seulement.
    2. *Dictionnaires des Choses* (Real-Lexica).
    3. *Introductions à tout ce qui concerne la Jurisprudence.*
      a. Méthodologie.

    b. Propédeutique.
II) Ouvrages mélangés.
    1. Dissertations.
    2. Causes.
III) Histoire de la Jurisprudence.
IV) Histoire littéraire et Bibliographie.

'I. *En particulier.*
  1) Ancienne Législation.
    (I) *Législation de plusieurs Peuples.*
    (II) *Législation de Peuples particuliers.*
    1. Des Asiatiques.
    2. Des Européens.
      1) *Des Grecs.*
      2) *Des Romains.*
        a. Indistinctement.
          a) *Histoire du droit Romain.*
          b) *Expositions de Règles spéciales.*
        b. Selon la suite du tems, ou l'ordre chronologique.
          a) *Droit avant Justinien.*
          b) *Droit Justinien.*
      3) *Des Goths.*
      4) *Des Allemands.*
  II) Législation moderne.
    (I) *Législation établie entre différens Peuples;* Droit positif des Gens.
    (II) *Législation des Peuples considérés séparément.*
      A. Des Allemands.
        A) *Droit public.*

1. Droit public universel d'Allemagne.
2. Droit public des Cercles de l'Empire.
3. Droit public territorial.

B) *Droit privé (dans le sens le plus étendu).*

(A) Droit privé généralement en usage en Allemagne.
1. *Ouvrages sur plusieurs parties de ce Droit.*
2. *Divisions particulières.*
   1) Droit Romain moderne.
   2) Droit privé Allemand en sens plus étendu.
      (1) *En général.*
      (2) *Droit privé Allemand proprement dit.*
         a. Abrégés (*Compendien*).
         b. Ouvrages et Dissertations sur des Matières spéciales.
            a) *Transactions.*
            b) *Successions.*
            c) *Droit matrimonial.*
            d) *Autorité des Parens.*
            e) *Droit féodal.*
      (3) *Droit public concernant la Police* (Staats-Polizeyrecht).
         a. Ouvrages généraux.
         b. Ouvrages et Dissertations sur des Matières spéciales.
            a) *Devoir des Fonctionnaires publics* (Pflicht der Aemter).
            b) *Droit de la Chambre de Finances* (Kameralrecht).

c) *Droit de Guerre.*
d) *Droit de Justice.*
e) *Droit de Police.*
f) *Droit de différentes Classes d'Hommes.*
   (a) Relativement au rang de Citoyens.
   (b) Relativement à l'Age.
   (c) Relativement à des Relations particulières.
   (d) Divisions suivant la Religion.
   (e) Divisions suivant les États.
      a. Droit privé des Princes et de la Noblesse.
      b. Droits de Bourgeoisie.
      c. Droit des Communautés rurales.
g) *Droits de Métier* (Rechte der Gewerbe).
   (a) Droits de celui qui retire les produits de la nature.
      a. Droits d'Économie rurale.
      b. Droit forestier et de Chasse.
      c. Droit des Mines.
   (b) Droit d'exercer une profession quelconque dans une ville (Rechte der Stadtgewerbe).
      a. Droit de Cité.

(58)
    b. *Droit d'Artisans.*
    c. *Droit de Commerce.*
  h) *Droit pénal.*
 5) *Droit ecclésiastique.*
  a. *Ouvrages généraux.*
  b. *Droit canon des Catholiques.*
  c. *Droit ecclésiastique des Protes-*
   tans.
 (B) Droits locaux établis en Allemagne
  (*Deutsche Particularrechte*).
C) *Jurisprudence pratique.*
B. Législation des nations étrangères.
 1. *Des États d'Europe.*
 2. *Des États d'Asie.*
 3. *Des États-Unis d'Amérique.*

Cinquième Tableau. *Médecine.*
I. En général.
 1) *Ouvrages généraux.*
  1. Acroamatiques.
   a. *Encyclopédies et Systèmes.*
   b. *Dictionnaires.*
   c. *Ouvrages sur la méthode* (Methodik), *et d'autres Matières isagogiques.*
   d. *Ouvrages propédeutiques.*
  2. Ouvrages à l'usage du Peuple (*Populare Schriften*).
 II) *Ouvrages mélangés sur plusieurs parties de la Médecine.*
  1. Acroamatiques.
   a. *Dissertations.*
    a) Recueils de plusieurs.

      b) Ouvrages séparés de Sujets mélangés.
       b. *Observations mélangées sur plusieurs parties de la Médecine.*
    2. Ouvrages à l'usage du Peuple (*Populare Schriften*).
      a. *Ouvrages pour servir d'Introduction et de Guide dans la Médecine domestique.*
      b. *Ouvrages de Médecine domestique même.*
III) *Histoire et Bibliographie.*

II. Parties séparées de la Médecine.
  1) *Purement somatologique.*
    (1) Connaissance du Corps humain dans l'état de santé.
      A. *Connaissance théorique.*
        A) Anatomique et physiologique tout-à-la-fois.
        B) Séparément.
          (A) *Connaissance des parties constituantes du corps, et de leur rapport entre elles.*
            1. Par Dissection; *Anatomie.*
              1) *Science même.*
                a. Anatomie absolue.
                b. Anatomie comparative.
              2) *Pratique de l'Anatomie.*
              3) *Histoire de l'Anatomie.*
            2. Par Analyse chimique.
          (B) *Connaissance des fonctions du Corps humain;* Physiologie.
            1. Physiologie absolue.
            2. Physiologie comparative, ou Physiologie universelle du Corps animal.

B. *Connaissance pratique; Hygiène (Diatetik).*

(II) *Pathologie et Thérapeutique.*
  A. *Connaissance anatomique-physiologique du Corps humain dans l'état de maladie.*
  B. *Connaissance des Maladies mêmes.*
    A) Des Maladies internes et de la Médecine proprement dite.
      1. *Ouvrages généraux.*
        1) Ouvrages théoriques ou pathologiques.
          a. *Pathologie absolue.*
          b. *Pathologie comparative.*
        2) Ouvrages thérapeutiques.
        3) Ouvrages théorique-pratiques ou pathologique-théoriques.
      2. *Ouvrages mélangés sur plusieurs espèces de Maladies.*
      3. *Ouvrages sur des Maladies spéciales.*
    B) Connaissance et cure des Maladies externes, ou *Chirurgie.*
    C) Connaissance et traitement dans des accidens qui exigent des remèdes internes et externes.
      1. *Art de l'Accouchement.*
      2. *Traitement médecinal-chirurgical des Morts en apparence.*

(III) Matière médicale.

1. *En général.*
2. *En particulier.*
   a. Connaissance de la Matière médicale simple (*der einfachen Arzneystoff*); *Materia medica* dans un sens moins étendu.
   b. Pharmaceutique.
   c. Art des recettes.

(IV) Connaissance des Hôpitaux.

(V) Connaissances médicales analogues à d'autres sciences.
   1. *Ouvrages de Géographie médicale.*
   2. *Ouvrages de Médecine légale et politique.*

II) *Anthropologie médicale.*

Sixième Tableau. *Philosophie.*

I. En général.
   1) *Ouvrages généraux.*
      1. Encyclopédies et Dictionnaires philosophiques.
      2. Systèmes et Abrégés.
      3. Ouvrages pour servir d'Introduction.
   II) *Ouvrages mélangés.*
   III) *Histoire universelle de la Philosophie, et Bibliographie.*

II. En particulier.
   1) *Philosophie spéculative;* ou Logique et Métaphysique.
      A. Tirée tout à la fois des principes empiriques et de ceux de la raison pure; *Logique et Métaphysique* d'après la méthode usitée avant l'Ouvrage de

Kant, intitulé : *Critique de la Raison pure* (Kritik der reinen Vernunft).
1. Les deux ensemble.
2. Séparément.
    1) Logique.
    2) Métaphysique.
        a. Introduction.
        b. Ouvrages généraux et mélangés.
        c. Parties séparées de la Métaphysique.
            a) Psycologie.
            b) Ontologie et Cosmologie.
            c) Théologie naturelle.

B. Ouvrages appartenans à la Philosophie spéculative, d'après la séparation faite par *Kant* des principes purs et empiriques.
1. *Théories de Kant même.*
    1) Ouvrages généraux et mélangés.
    2) Théories considérées séparément.
        a. *Critique de la Raison pure.*
        b. *Critique du Jugement.*
2. *Autres Théories produites par la réforme de Kant, et manières de présenter la Logique et la Métaphysique selon les principes de Kant.*

II) *Philosophie pratique.*

A. Pure. *Critique de la Raison pratique, et Métaphysique des mœurs.*

B. Philosophie pratique mélangée (déduite en commun des principes purs et em-

piriques), et Philosophie pratique appliquée.
1. *Ouvrages acroamatiques.*
  1) Philosophiques et moraux tout à la fois.
    a. *En général.*
    b. *En particulier.*
      a) Droit de nature.
      b) Morale.
  2) Théologie morale, ou Doctrine philosophique de la Religion.
2. *Ouvrages à l'usage du Peuple* (Populare Schriften).

Septième Tableau. *Pédagogique* (Padagogik).
I. En général.
  I) *Ouvrages généraux.*
  II) *Ouvrages mélangés.*
  III) *Histoire et Statistique du mode de l'éducation et des écoles* (Geschichte und Statistik des Erziehungs und Schulwesens).
    1. Ouvrages généraux et mélangés.
    2. Ouvrages sur des Établissemens d'éducation et d'école de pays et d'endroits particuliers.
  IV) *Littérature de la Pédagogique.*
II. En particulier.
  1) *Ouvrages théoriques.*
    A. Pédagogique absolue.
      1. *Éducation physique ou corporelle.*
      2. *Éducation psychologique.*
    B. Pédagogique relative.
      a. *Relativement au sexe.*

2. *Relativement à certains dons ou défauts naturels.*
3. *Relativement à l'état et à la manière de vivre.*
4. *Par rapport aux périodes de l'âge de l'enfant.*
5. *Par rapport aux différens objets de l'instruction.*
6. *Par rapport aux différentes formes de l'éducation.*

II) *Apparat d'Ouvrages propres pour les Enfans et la Jeunesse.*
1. Ouvrages mélangés pour l'Instruction et l'Amusement.
2. Ouvrages pour l'Instruction.
3. Ouvrages pour l'Amusement.

Huitième Tableau. *Politique.*
I. Politique universelle.
  1) *En général.*
   1. Ouvrages généraux.
   2. Ouvrages mélangés.
   3. Ouvrages sur des matières particulières relatives au Gouvernement et à la Constitution des États.
  II) *Parties séparées.*
   (I) Politique de la Constitution des États.
   (II) Politique du Gouvernement des États.
     A. *En général.*
     B. *En particulier.*
       A) Effets dans l'intérieur de l'État.

(65)
(A) *Science de la Police de l'État.*
(*Staatspolizeywissenschaft*).
1. En général.
2. Parties séparées.
    a) *D'après les moyens généraux.*
        (1) Politique de la Législation en général.
        (2) Doctrine des Fonctionnaires publics (*Lehre von den Beamten*).
        (3) Politique des Finances.
    b) *D'après le but de l'État.*
        (1) Sûreté.
            a. *Envers les Citoyens.*
                a) Politique judiciaire.
                b) Soins qui sont dus à ceux qui ne peuvent défendre eux-mêmes leurs droits.
                c) Police de sûreté proprement dite.
                d) Politique pénale.
            b. *Envers les Étrangers;* Politique militaire (*Kriegspolitik*).
            c. *Relativement aux Évènemens naturels;* Police générale du pays (*Allgemeine Landespolizey*).
        (2) Perfectionnement.
            a. *Politique de Population.*
                a) Soins à prendre pour la conservation des Citoyens.
                    (a) *Par des moyens qui tiennent à la Médecine;* Police médicale.

(66)
- (b) Par des moyens de prévenir certains crimes et débauches.
- (c) Par des soins à prendre pour les Pauvres, les Veuves et les Orphelins.

b) Soins pour augmenter le nombre des Citoyens.

b. *Amélioration et Lumières* (Besserung und Aufklärung).

(3) Classes d'Hommes particulières.

(4) Richesse.
- a. *Ouvrages généraux et mélangés.*
- b. *Ouvrages sur des Matières particulières.*
  - a) Moyens propres à prévenir les abus et les accidens qui peuvent porter atteinte à la fortune du Peuple.
  - b) Moyens propres à favoriser l'Industrie.
    - (a) *En général.*
    - (b) *Soins à prendre de certaines classes particulières d'Industrie.*
      - a. Police économique.
      - b. Police technologique.
      - c. Politique de Commerce.

(5) Soins à prendre des Hommes qui habitent ensemble; Police de ville et de village.

(B) *Politique du droit privé.*

B) Politique étrangère.

II. Politique appliquée.
  I) *De plusieurs États à la fois.*
  II) *D'États particuliers.*
   A. Pays de l'Europe.
   1. *Allemagne.*
   2. *France.*
   3. *Espagne.*
   4. *Portugal.*
   5. *Helvétie.*
   6. *Italie.*
   7. *Batavie.*
   8. *Grande-Bretagne et Irlande.*
   9. *Danemark.*
   10. *Suède.*
   11. *Hongrie.*
   12. *Russie.*
   B. *Pays étrangers à l'Europe.*
   13. *États-Unis de l'Amérique.*

Neuvième Tableau. *Art militaire.*
I. En général.
  I) *Traités et autres ouvrages généraux.*
   1. Introduction à la Connaissance de toutes les branches de l'Art militaire.
   2. Encyclopédies et Dictionnaires.
  II) *Ouvrages mélangés.*
   1. Recueils de Mémoires.
   2. Ouvrages spéciaux, comprenant plusieurs parties de l'Art militaire.

III) *Histoire de l'Art militaire, et Bibliographie.*

II. En particulier.
1) *Divisions d'après les rapports scientifiques.*
   A. Guerre de terre.
      1. *Tactique avec le petit Service, et l'exercice qui en dépendent.*
      2. *Science de l'Artillerie.*
      3. *Art de l'Ingénieur.*
      4. *Science du Pontonnier.*
      5. *Castramétation et Art de cantonner.*
   B. Guerre de Mer.
   C. Arts relatifs à l'une et à l'autre.
2) *Divisions d'après les Pays.*
   1. Allemagne.
   2. France.
   3. Angleterre.
   4. Hollande.
   5. Danemark.
   6. Suède, etc. etc.
3) *Histoire militaire.*
   1. De plusieurs Guerres.
   2. De Guerres particulières; Campagnes, Batailles et Combats, Sièges, etc. etc.

Dixième Tableau. *Sciences Naturelles* (Naturkunde).

I. En général.
1) *Ouvrages généraux.*

(69)

II) *Ouvrages mélangés.*
  1. Sur les Sciences naturelles et les autres Sciences qui y ont rapport, comme celles de Médecine, d'Économie et Technologie, etc.
  2. Sur la Physique et la Chimie (*Philosophische Naturkunde*), et l'Histoire naturelle.

II. En particulier.
  1) *Considérées d'une manière philosophique.* (Philosophische Naturkunde).
    (I) En général.
    (II) En particulier.
      A. *Par le moyen d'Observations, et d'Expériences (sans décomposition et sans analyse); Physique.*
        A) Physique théorique.
          1. *En général.*
          2. *Traités et mémoires particuliers.*
            1) Sur la physique générale (*Allgemeine Naturkunde*).
            2) Physique spéciale; *Physiologie des Corps organiques et de ceux qui ne le sont pas.*
        B) Physique pratique; *Magie.*
          1. *Magie naturelle.*
          2. *Magie pneumatologique, ou imaginaire.*
      B. *Par décomposition et Analyse; Chimie.*
        A) Chimie pure, philosophique.
          1. *En général.*
          2. *En particulier.*
            1) Chimie pure et physique.

a. *Recherches sur le règne matériel et minéral* (Materialreich).
b. *Recherches sur le règne végétal et animal.*
a) Chimie appliquée.

B) Alchimie.

II) *Considérées d'une manière historique.* (Historische Naturkunde).

(I) Histoire naturelle proprement dite, ou Histoire de la formation et des changemens de la Terre.

(II) Description de la Nature (*Naturbeschreibung*), ou Histoire communément dite.

A. *En général.*
B. *En particulier.*

A) Minéralogie.
1. *En général.*
2. *Minéralogie spéciale.*

B) Botanique.
1. *En général.*
2. *Ouvrages sur des Classes et des Ordres, des Genres et Espèces particulières.*

C) Zoologie.
1. *En général.*
2. *En particulier.*
1) Mammifères.
2) Oiseaux.
3) Amphibies.
4) Poissons.

   5) Insectes.
   6) Vers.
 III) *Téléologie et Physico-Théologie.*
 Onzième Tableau. *Économie, Technologie, Commerce, Arts gymnastiques et récréatifs :* (Gewerbskunde).
I. En général.
 1) *Ouvrages pour servir d'Introduction.*
 II) *Encyclopédies et Dictionnaires des choses* (Real-Lexica).
 III) *Ouvrages mélangés.*
 IV) *Histoire et Bibliographie.*
I. En particulier.
 1) *Considérée d'une manière objective* (Gewerbskunde in objectiver Rucksicht).
 (I) Connaissance de l'Économie productive; *Sciences économiques* dans le sens le plus étendu.
  A. *En général.*
  B. *En particulier.*
   A) Exploitation des productions minérales; *Connaissance de l'économie minéralogique* (Mineralische Gewerbskunde).
    1. *En général.*
    2. *En particulier.*
     1) Mines et Fonderies.
     2) Salines.

3) Fouille de la Tourbe et du Charbon de terre, et profit que l'on peut en retirer.
4) Fouille et Calcination de la Chaux.

B) Avantage que l'on peut retirer des productions du règne végétal et animal.

(A) *En général;* Économie rurale en sens plus étendu.

(B) *En particulier.*
1. Culture des Plantes.
   1) *En général.*
   2) *En particulier.*
      (1) Agriculture.
         a. *En général.*
         b. *En particulier.*
            a) Labourage.
            b) Jardinage.
            c) Culture de la Vigne.
            d) Culture des Prairies et des Pâturages.
            e) Culture des Plantes commerciales et de celles qui sont employées dans les Fabriques.
      (2) Économie forestière.

2. Avantage que l'on peut retirer des Animaux, et soins qu'il convient d'en prendre.
   1) *Entretien du Bétail* (Viehzucht).
   2) *Vénerie et Oisellerie.*

3) *Pêche.*
4) *Éducation des Abeilles et des Vers à soie.*

(II) Technologie.
1. *En général.*
2. *Ouvrages sur des branches particulières de Technologie.*

(III) Commerce.
1. *En général.*
2. *En particulier.*
   1) Commerce de Marchandises.
   2) Commerce maritime.
   3) Le Change et la Banque.
   4) Connaissances secondaires.

(IV) Arts gymnastiques et récréatifs.

II) *Considérée d'une manière subjective* (Gewerbskunde in subjectiver Rücksicht); Économie domestique ou privée.

Douzième Tableau. *Mathématiques.*

I. En général.
 1) *Ouvrages généraux.*
    1. Ouvrages pour servir d'Introduction.
    2. Systèmes et Dictionnaires.
 II) *Ouvrages mélangés.*
 III) *Histoire et Bibliographie.*

II. Parties séparées.
 1) *Mathématiques pures.*
    (I) Indistinctement.
    (II) En particulier.

(74)
- **A.** *Arithmétique.*
  1. Arithmétique dans toute son étendue, ou Arithmétique numérale et Algèbre à la fois.
  2. En particulier.
     1) *Arithmétique numérale.*
     2) *Arithmétique littérale*, ou Algèbre.
- **B.** *Géométrie.*
  1. Universelle, ou plusieurs parties réunies.
  2. Parties séparées.
     1) *Géométrie d'Euclide.*
     2) *Trigonométrie.*
     3) *Géométrie transcendante.*
        a. Analyse en général.
        b. En particulier.
           a) *Analyse des finis.*
           b) *Analyse des infinis.*

II) *Mathématiques appliquées.*
  (I) Ensemble.
  (II) Parties séparées.
  - **A.** *Arithmétique appliquée.*
    1. En général.
    2. En particulier.
       1) *Arithmétique économique ou domestique.*
       2) *Arithmétique des Cens* (Zinsrechnung).
       3) *Calcul des Bois* (Forstrechnung).
       4) *Arithmétique de Commerce.*
       5) *Arithmétique d'Économie politique.*
       6) *Application à des cas vraisemblables.*
  - **B.** *Géométrie pratique ou appliquée.*
    1. Dans toutes ses parties.
    2. Parties séparées.

1) Géodésie.
  2) Stéréométrie pratique.
  3) Géométrie œconomico-forestière.
  4) Géométrie à l'usage des Mineurs.
C. **Statique et Mécanique.**
  1. En général.
  2. En particulier.
    1) Statique et Mécanique des Corps solides.
    2) Statique et Mécanique des Corps fluides.
      a. Hydrostatique.
      b. Aérométrie.
      c. Hydraulique.
D. **Optique.**
  1. En général.
  2. En particulier.
    1) Optique en sens moins étendu.
    2) Dioptrique.
    3) Catoptrique.
    4) Perspective.
E. **Sciences astronomiques.**
  1. Astronomie.
  2. Gnomonique.
  3. Géographie mathématique.
F. **Sciences architectoniques.**

Treizième Tableau. Géographie et Histoire.

En général.

1. Ouvrages généraux et mélangés.
  1) Ouvrages qui renferment les tems anciens et modernes.

II) *Ouvrages qui concernent de préférence les tems modernes.*
  (I) Sur des Pays de plusieurs parties de la Terre.
  (II) Sur des Pays de parties spéciales de la Terre.
    A. *Europe.*
      1. En général.
      2. En particulier.
        1) *Allemagne.*
        2) *France.*
        3) *Espagne.*
        4) *Portugal.*
        5) *Helvétie.*
        6) *Italie.*
        7) *Batavie.*
        8) *Grande-Bretagne et Irlande.*
        9) *Danemark et Norwége.*
        10) *Suède.*
        11) *Prusse.*
        12) *Pologne, Galliete et Lodomerie.*
        13) *Hongrie.*
        14) *Dalmatie et Albanie.*
        15) *Russie.*
        16) *Turquie.*
    B. *Asie.*
    C. *Afrique.*
    D. *Amérique.*
B. Histoire et Bibliographie.

En particulier.

I. Géographie.

I. *En soi, ou proprement dite.*
  I) *Géographie des tems anciens et modernes.*
  II) *Selon l'ordre chronologique.*
    (I) Géographie des tems passés.
      1. *Géographie de l'ancien Age.*
      2. *Géographie du moyen Age.*
    (II) Géographie moderne.
      A. *En général; Ouvrages dont le Plan comprend toutes, ou plusieurs parties de la Terre*
        A) Introduction.
        B) Ouvrages généraux et mélangés.
          1. *Connaissance des Pays, des États et des Peuples en général.*
            1) Ouvrages généraux.
            2) Ouvrages mélangés.
              (1) *Recueils.*
              (2) *Ouvrages particuliers sur des sujets mélangés;* Relations de Voyage.
                a. Recueils de Voyages.
                b. Voyages particuliers.
                  a) *Voyages autour du Monde.*
                  b) *Voyages faits dans plusieurs parties de la terre.*
          2. *En particulier.*
            1) Connaissance des Pays.
            2) Connaissance des États.

3) Connaissance des Peuples.
C) Histoire et Bibliographie.
B. *En particulier; Connaissance des Pays, des États et des Peuples de parties spéciales de la Terre, et des Pays qui les composent.*
  A) Europe.
    (A) *En général.*
      1. Connaissance des Pays, des États et des Peuples en général.
        a. *Ouvrages généraux.*
        b. *Ouvrages mélangés; Relations de Voyage.*
      2. En particulier.
        a. *Connaissance des Pays.*
        b. *Connaissance des États.*
        c. *Connaissance des Peuples.*
    (B) *Pays particuliers.*
      1. Allemagne.
      2. France.
      3. Espagne.
      4. Portugal.
      5. Helvétie.
      6. Italie.
      7. Batavie.
      8. Grande-Bretagne et Irlande.
      9. Danemark et Norvège.
      10. Suède, y compris la Finlande et la Laponie.
      11. Prusse.
      12. Pologne.
      13. Gallicie et Lodomerie.

14. Hongrie, y compris la Croatie, l'Esclavonie et la Transylvanie.
15. Dalmatie et Albanie.
16. Russie.
17. Turquie.

B) Asie.
  (A) *En général, ou plusieurs Pays.*
  (B) *Parties spéciales.* (*Les possessions des Russes et des Turcs sont comptées à leurs pays en Europe.*
    1. Tartarie Asiatique.
    2. Arabie.
    3. Perse.
    4. Indes orientales, avec les Isles.
    5. Japon.
    6. Chine.

C) Afrique.
  (A) *En général, ou plusieurs Parties.*
  (B) *Parties traitées séparément.*
    1. Afrique septentrionale.
      a. Égypte.
      b. Barbarie.
    2. Milieu ou intérieur de l'Afrique.
    3. Afrique méridionale.
    4. Isles.

D) Amérique.
  (A) *En général, ou plusieurs Parties.*
  (B) *En particulier.*
    1. Amérique septentrionale.

2. Isles du Milieu de l'Amérique, ou Indes occidentales.
5. Amérique méridionale.

E) Terres Australes, ou Indes méridionales.

II. Cartes géographiques, Plans et Vues.
  I) Ouvrages pour servir d'Introduction et Littérature.
  II) Cartes même.
    A. Géographie des tems anciens et modernes.
    B. Selon l'ordre chronologique.
      A) Géographie des tems passés.
      B) Géographie moderne.
        1. En général; Cartes qui comprennent toutes ou plusieurs Parties de la Terre.
        2. En particulier; Cartes de Parties spéciales de la Terre, et des Pays qui les composent.
          1) Europe.
          2) Asie.
          3) Afrique.
          4) Amérique.
          5) Terres australes.

II   Histoire.

I. En général.
  I) Ouvrages généraux.
    1. Ouvrages pour servir d'Introduction.
    2. Ouvrages Encyclopédiques.
  II) Ouvrages mélangés.
  III) Histoire et Bibliographie.

II. En particulier.
1) *Sciences historiques secondaires.*
   1. Chronologie.
   2. Généalogie.
   3. Science héraldique.
   4. Diplomatique.
   5. Science numismatique.
II) *Histoire en soi, ou proprement dite.*
   (1) Histoire universelle, ou Histoire du Monde.
      A. *Ouvrages pour servir d'Introduction.*
      B. *Sources.*
      C. *Ouvrages qui traitent de l'Histoire universelle même.*
         1. Ceux dont le plan s'étend à tous les âges, etc.
            1) *Ouvrages généraux.*
               a. Par ordre d'une exposition suivie (in zusammenhangendem Vortrage).
                  a) *Histoires universelles improprement dites, ou Assemblages* (Aggregate) *d'Histoires des Peuples et des États.*
                  b) *Histoire universelle dont l'ordre d'une exposition suivie est observé plus rigoureusement* (Weltsgeschichte in strengerm Zusammenhange).
               b. En forme de Table.
            2) *Ouvrages mélangés.*
         2. Ceux qui traitent d'une certaine Époque de l'Histoire universelle, sans rapport à l'Histoire d'États particuliers.

1) *Histoire de l'Âge le plus ancien.*
2) *Histoire du moyen Âge.*
3) *Histoire moderne et la plus récente.*

(II) Histoire spéciale.
  A. *Histoire de l'Espèce humaine.*
    1. En général.
      1) Ouvrages généraux.
      2) Ouvrages mélangés.
      3) Ouvrages sur certains objets particuliers.
        a. Sans rapport au Sexe.
        b. Avec rapport au Sexe.
    2. En particulier.
      1) État de Nature et de non-Civilisation.
      2) *Culture, ou Civilisation.*
        a. Culture physique. (*Voyez le Tableau d'Économie, Technologie, etc.*)
        b. Culture spirituelle et morale.
          a) *Beaux-Arts et Érudition.* (Voyez les Tableaux de *Beaux-Arts* et d'*Histoire littéraire.*)
          b) *Mœurs et Coutumes.*
          c) *Religion.* (Pour les Ouvrages qui traitent de l'Histoire de la Religion chrétienne en particulier, voyez le Tableau de *Théologie.*
          d) *Constitution civile.*
          e) *Sociétés secrètes.*
  B. *Histoire des Peuples et des États.*
    A) En général; Ouvrages concernant les Peuples anciens et modernes, ainsi que les États tout à la fois.
    B) En particulier.

(A) *Histoire des Peuples et des États qui n'existent plus.*
  1. En général; sans rapport aux Lieux habités par les Peuples.
  2. En particulier; avec rapport aux Lieux de leur demeure.
    1) *En Asie et en Afrique.*
      a. Ouvrages sur plusieurs Peuples et États.
      b. Sur des Peuples et des États particuliers.
        a) Égyptiens.
        b) Assyriens, y compris les Babyloniens et les Chaldéens.
        c) Phéniciens.
        d) Hébreux.
        e) Persans.
        f) Macédoniens.
        g) Indiens. etc. etc.
    2) *En Europe*
      a. Grecs et Romains.
        a) *Sur les deux Peuples ensemble.*
          (a) Histoire des tems fabuleux; Mythologie.
          (b) Histoire plus certaine de ces deux Peuples.
        b) *Séparément.*
          (a) Grecs.
          (b) Romains.
      b. Goths, etc. etc.

(B) *Histoire des Peuples et des États encore existans.*

1. Peuples qui n'ont point de demeure fixe, et qui ne forment point d'État.
   1) *Juifs.*
   2) *Bohémiens.*
2. Peuples qui ont une demeure fixe et qui forment des États.
   1) *Peuples pris à la fois dans plusieurs parties de la Terre.*
      a. Histoire de certaines Périodes.
      b. Histoire de certains Événemens principaux; Guerres, Révolutions, Alliances, etc.
   2) *Peuples et États de parties spéciales de la Terre.*
      (1) Europe.
         a. *En général, ou plusieurs parties.*
         b. *Parties spéciales.*
            a) Allemagne.
               (a) *Histoire de la Nation et de l'Empire d'Allemagne en général.*
               (b) *Histoire des États particuliers qui composent l'Empire d'Allemagne.*
                  a. Tous ou plusieurs.
                  b. États considérés séparément.

a) États dont les Pays sont situés dans plusieurs Cercles et en partie hors de l'Allemagne.
b) États situés dans des Cercles particuliers.
c) Provinces de l'Empire (Reichslande) qui n'appartiennent à aucun des Cercles précédens.

b) Hors de l'Allemagne.
(a) Portugal.
(b) Espagne.
(c) France.
(d) Helvétie.
(e) Italie.
(f) Batavie.
(g) Grande-Bretagne et Irlande.
(h) États du Nord (c'est-à-dire le Danemark et la Suède).
  a. Pris ensemble.
  b. Séparément.
    a) Danemark.
    b) Suède.
(i) Prusse.
(k) Pologne.
(l) Hongrie.
(m) Transylvanie.

(n) *Gallicie et Lodomerie.*
(o) *Russie.*
(p) *Turquie.*
(2) Peuples et États hors de l'Europe.
  a. *En général, ou plusieurs ensemble.*
  b. *Séparément.*
    a) Asie.
      (a) *Druses.*
      (b) *Syriens.*
      (c) *Arméniens.*
      (d) *Géorgiens.*
      (e) *Arabes.*
      (f) *Guèbres ou Parsis.*
      (g) *Indiens.*
      (h) *Empire de la Chine.*
    b) Afrique.
    c) Amérique.
      (a) *En général, ou plusieurs parties.*
      (b) *Parties spéciales.*
        a. Provinces espagnoles de l'Amérique septentrionale.
        b. États-Unis de l'Amérique septentrionale.
        c. Indes occidentales.

C. *Histoire de Familles célèbres.*
D. *Histoire de Personnes mémorables.*
  A) Sans rapport à des Époques et à des Classes particulières; *Recueils mélangés.*

B) Avec rapport à des Périodes et à des Classes particulières.
(A) *Tems anciens.*
(B) *Tems modernes.*
  1. Gouvernans et leurs Familles.
    1) *Europe.*
      (1) En général.
      (2) En particulier.
        a. *Allemagne.*
          a) Rois et Empereurs Romains.
          b) Histoire des Gouvernans d'États particuliers.
        b. *Hors de l'Allemagne.*
          a) Portugal, etc. etc.
    2) *Asie.*
  2. Hommes d'État.
  3. Guerriers.
  4. Autres personnages mémorables.

Quatorzième Tableau. *Beaux-Arts.*
I. En général.
  I) *Théorie générale.*
  II) *Ouvrages mélangés.*
  III) *Histoire et Bibliographie.*
II. En particulier.
  1) *Art d'embellir les Jardins* (Schöne Gartenkunst).
    1. Ouvrages mélangés.
    2. Ouvrages particuliers.
      1) *Théorie.*
      2) *Descriptions de Jardins.*

II) *Architecture de grand style* (Schöne Baukunst).
   1. Théorie.
   2. Histoire de l'Architecture, et Descriptions d'Édifices, etc.

III) *Musique.*
   1. Ouvrages généraux pour servir d'Introduction.
   2. Ouvrages mélangés théori-pratiques.
   3. Ouvrages particuliers.
      1) *Théorie.*
      2) *Œuvres de Musique* (Musikalien).
         (1) Mélangés; Œuvres de Musique vocale et instrumentale.
         (2) Compositions particulières.
            a. *Musique vocale.*
               a) Pour un usage public.
                  (a) *Musique d'Église, et Compositions semblables.*
                  (b) *Musique de Théatre.*
               b) Pour l'amusement particulier.
                  (a) *Recueils de Chansons.*
                  (b) *Compositions de poësies particulières.*
            b. *Compositions de Musique instrumentale.*
      3) *Histoire et Bibliographie.*

IV) *Danse.*
V) *Calligraphie.*
VI) *Arts du Dessin.*
   A. En général.

1. *Ouvrages pour servir d'Introduction.*
2. *Théorie.*
3. *Histoire des Arts du Dessin; Descriptions de Musées et d'autres Collections, etc.*

B. En particulier.
  A) *Sur des Surfaces planes, par le moyen de lumières et d'ombres.*
    1. Peinture.
      1) *Théorie.*
      2) *Histoire de la Peinture; Descriptions de Galeries et d'autres Collections de Tableaux, etc.*
    2. Mosaïque.
    3. Art de graver sur Cuivre et sur Bois.
      1) *Théorie.*
      2) *Histoire; Descriptions de Cabinets d'Estampes et d'autres Collections, etc.*
  B) *En Relief et en Bosse, ou en creux.* (Erhobene und vertiefte Bildnerey).
    1. Sculpture; Art de faire des Ouvrages en Stuc, en Cire, et autres choses semblables.
      1) *Théorie.*
      2) *Histoire; Descriptions de Collections et d'Ouvrages particuliers de ce genre.*
    2. Art de tailler et de graver les Pierres précieuses.

IV) *Arts oratoires* (Redende Kunste).
  (I) En général.

1. *Choix et Recueils de morceaux de Prose et de Poésie en rapport avec la Théorie et la Littérature des Arts Oratoires.*
2. *Ouvrages mélangés de Théorie sur l'Éloquence et sur l'Art poétique.*
3. *Ouvrages mélangés de morceaux de Prose et de Poésie.*

(II) En particulier.
  A. *Éloquence.*
    1. Théorie et Histoire.
    2. Ouvrages mélangés de plusieurs genres d'Éloquence.
      1) *Discours.*
      2) *Lettres.*
      3) *Dialogues.*
      4) *Bons mots, Saillies, Jeux de mots, etc.; Anecdotes, petits Contes,* etc.
  B. *Poésie.*
    A) Théorie et Histoire.
    B) Ouvrages de Poésie.
      (A) *Recueils généraux et mélangés.*
      (B) *Espèces particulières.*
        1. Poésies relatives a la déclamation seule (et non au Chant.
          1) *Hors du Théâtre.*
            (1) Poésies sur un sujet général.
              a. *Poésies didactiques.*
                a) Sur des Sujets religieux.
                b) Sur des Sujets philosophiques.

c) Sur des sujets relatifs à la Pédagogique.
d) Sur des sujets relatifs à la Politique et à la Tactique.
e) Sur des sujets relatifs à la Médecine, aux Sciences naturelles, à l'Économie et à la Technologie.
f) Sur des sujets géographiques et historiques.
g) Sur les Beaux-Arts et tout ce qui tend au genre récréatif.

b. *Fables.*

(a) Poésies sur un sujet spécial.

a. *Poésies descriptives.*
　a) D'Objets de la Nature et de l'Art.
　b) Caractères ou traits poétiques de Personnages historiques.
　c) Satyres personnelles.

b. *Poésies narratives.*
　a) Élégies.
　b) Contes.
　　(a) *Petit Conte poétique avec un fond historique.*
　　　a. Sur un sujet sérieux.
　　　b. Epopées comiques avec un fond historique, y compris des tra-

1. *Choix et Recueils de morceaux de Prose et de Poésie en rapport avec la Théorie et la Littérature des Arts Oratoires.*
2. *Ouvrages mélangés de Théorie sur l'Éloquence et sur l'Art poétique.*
3. *Ouvrages mélangés de morceaux de Prose et de Poésie.*

(II) En particulier.
  A. *Éloquence.*
    1. Théorie et Histoire.
    2. Ouvrages mélangés de plusieurs genres d'Éloquence.
      1) *Discours.*
      2) *Lettres.*
      3) *Dialogues.*
      4) *Bons mots, Saillies, Jeux de mots,* etc.; *Anecdotes, petits Contes,* etc.
  B. *Poésie.*
    A) Théorie et Histoire.
    B) Ouvrages de Poésie.
      (A) *Recueils généraux et mélangés.*
      (B) *Espèces particulières.*
        1. POÉSIES RELATIVES A LA DÉCLAMATION SEULE (et non au Chant.
          1) *Hors du Théâtre.*
            (1) POÉSIES SUR UN SUJET GÉNÉRAL.
              a. *Poésies didactiques.*
                a) Sur des Sujets religieux.
                b) Sur des Sujets philosophiques.

c) Sur des sujets relatifs à la Pédagogique.
d) Sur des sujets relatifs à la Politique et à la Tactique.
e) Sur des sujets relatifs à la Médecine, aux Sciences naturelles, à l'Économie et à la Technologie.
f) Sur des sujets géographiques et historiques.
g) Sur les Beaux-Arts et tout ce qui tend au genre récréatif.

b. *Fables.*

(2) POÉSIES SUR UN SUJET SPÉCIAL.

a. *Poésies descriptives.*
  a) D'Objets de la Nature et de l'Art.
  b) Caractères ou traits poétiques de Personnages historiques.
  c) Satyres personnelles.

b. *Poésies narratives.*
  a) Élégies.
  b) Conte.
    (a) *Petit Conte poétique avec un fond historique.*
      a. Sur un sujet sérieux.
      b. Épopées comiques avec un fond historique, y compris des tra-

vestissemens d'Épo-
pées et d'Histoires.
(c) *Romans et Contes
semblables, dont
le fond tient vrai-
ment à l'Histoire.*
a. Romans historiques dans
un sens moins étendu.
b. Biographie de Savans et
d'autres Personnes,
en forme de Roman.
c) Épigrammes.
(3) POÉSIES SUR UN SUJET D'IMAGINA-
TION.
a. *Production poétique sur
des sujets d'imagina-
tion, dont on suppose
l'existence et la durée.*
a) Sur des sujets de la Nature
corporelle.
b) Sur des Caractères d'imagination.
(a) *Caractères moraux et
sérieux.*
(b) *Caractères ridicules;
Satyres.*
b. *Production poétique sur
des Faits et des Évé-
nemens d'imagination.*
a) Avec présupposition du
Monde effectif.

(a) *Romans (sans fond historique).*
   a. Collections mélangées.
   b. Romans particuliers.
(b) *Contes, Nouvelles,* etc.
(c) *Épopée comique, fond historique.*

b) Avec présupposition d'un Monde imaginaire.
  (a) *Poésies pastorales et autres espèces semblables sous différentes formes.*
  (b) *Epopée romanesque et Contes de Chevalerie,*) compris des travestissemens par rapport à ces sujets.
  (c) *Contes orientaux, Contes de Fées et de Revenans.*

c) Poésies allégoriques.

2) *Pour le Théatre.*
  (1) Recueils mélangés de plusieurs espèces.
  (2) Espèces particulières.

  a. *Tragédies.*
  b. *Drames héroïques, religieux, mythologiques et historiques.*
  c. *Comédies.*
   a) Dans le genre sensible.
   b) Dans le genre risible ou comique.
 2. POÉSIES DESTINÉES POUR LE CHANT.
  1) *Hors du Théatre.*
   (1) Odes, Chansons et autres Poésies lyriques.
   (2) Ballades et Romances.
   (3) Cantates.
  2) *Pour le Théatre.*
   (1) Recueils mélangés de plusieurs espèces.
   (2) Espèces particulières.
    a. *Mono-et Duo-Drames.*
    b. *Petits Opéra* (Operette) *et Pastorales.*
    c. *Opéra.*
C. *Art de la Prononciation* (Künste des schonen Vortrags.
 A) *Déclamation.*
 B) *Art théatral.*
  1. En général; Ouvrages dans lesquels la Théorie et l'Histoire se trouvent réunies.

2. En particulier.
  1) *Théorie.*
  2) *Histoire et Statistique du Théâtre.*
  3) *Biographie de Comédiens.*

Quinzième Tableau. *Histoire littéraire.*
I. En général.
  I) *Sans rapport particulier.*
    1. Ouvrages pour servir d'Introduction.
    2. Systèmes et Livres instructifs.
    3. Ouvrages mélangés.
  II) *Avec rapport particulier.*
    1. Aux Périodes.
    2. Aux Pays.
II. En particulier.
  I) *Histoire des Sciences.*
  II) *Histoire des Savans.*
    A. Ouvrages généraux et mélangés.
      1. *Sans rapport particulier.*
        1) Par ordre alphabétique.
        2) Par ordre chronologique.
        3) Par ordre arbitraire.
      2. *Avec rapport particulier.*
        1) A des Périodes.
        2) A des Pays.
        3) A des Etablissemens pour l'enseignement.
        4) A des Sciences et d'autres points de vue de ce genre.
    B. Notice biographique de Savans et d'Auteurs particuliers.
  III) *Histoire qui a pour objet les Livres et*

tout ce qui leur est relatif (Geschichte des Bucherwesens).

A. Histoire des Arts et Métiers qui s'y rapportent.
  1. *Ouvrages généraux et mélanges.*
  2. *Ouvrages particuliers.*
    1) Art de l'Écriture.
    2) Imprimerie.
    2) Librairie.

B. Connaissance de Livres; *Bibliographie.*
B) *Connaissance des Bibliothèques.*
B) *Bibliographie proprement dite.*
  1. Notices et Catalogues de Manuscrits.
  2. Notices et Catalogues de Livres imprimés.
    1) *En général.*
      a. Par ordre systématique.
      b. Par ordre alphabétique.
    2) *En particulier.*
      a. D'après des Périodes.
        a) *Littérature ancienne.*
        b) *Littérature moderne.*
      b. D'après des points de vue particuliers.

IV) *Histoire des Etablissemens consacrés aux Sciences.*
  A. En général.
  B. En particulier.
    A. *Universités.*
      1. Europe.
        1) *Allemagne.*
        2) *Hors de l'Allemagne.*
      2. Amérique.
    B) *Sociétés et Académies.*
    C) *Autres Institutions et Etablissemens savans.*

Seizième Tableau. *Ouvrages mélangés.*

1. Ouvrages traités scientifiquement.
   1) *Sur toutes les Sciences.*
   II) *Sur plusieurs Sciences.*
      A. De plusieurs Auteurs.
         A) *Ouvrages publiés par des Sociétés.*
            1. Ouvrages de Sociétés savantes et d'Académies.
            2. Ouvrages publiés par le concours particulier de plusieurs Savans; *Journaux et semblables Recueils.*
               a. *Ouvrages qui concernent plusieurs Journaux, etc.;* Répertoires et Extraits.
               b. *Journaux particuliers,* etc.
         B) *Recueils et Extraits d'Ouvrages anciens et modernes, publiés par un seul Éditeur.*
      B. D'Auteurs particuliers.
II. Ouvrages à l'usage du Peuple (*Populare Schriften*).
   1) *Sans destination particulière.*
      1. Par ordre systématique et alphabétique.
      2. Par ordre arbitraire.
   II) *Destination particulière.*
      A. Relativement au Sexe et à l'Age.
         1. *Ouvrages pour les Dames.*
         2. *Ouvrages pour la Jeunesse* (Voyez le Tableau de Pédagogique.
      B. Pour des États particuliers.

1. *Ouvrages pour le Peuple* (für den Bürger und Bauernstand).
2. *Ouvrages pour la Noblesse et le Militaire.*

C. Ouvrages pour des Sociétés religieuses particulières.

D. Ouvrages pour des Associations particulières.

E. Ouvrages pour servir à l'amusement des Sociétés mixtes.

Article Cinquième.

Système du P. Laire.

M. Peignot, en rapportant ce système, dit quelques mots à la louange de cet écrivain. S'il eût connu la quantité d'erreurs qu'il a laissé glisser dans ses ouvrages, il n'aurait pas eu le courage d'avancer que » C'était *Laire* qu'on désignait à Paris, comme le plus en état de donner un *Cours de Bibliographie*. M. Chardon de la Rochette, très-instruit en cette partie, pensait au contraire que c'était l'abbé Mercier, qui devait être destiné à un pareil emploi. Le système du P. Laire se borne à cinq grandes divisions, et se fonde sur les facultés et les besoins de l'homme : la raison, l'imagination, la mémoire, les besoins physiques et les besoins moraux.

La Raison produit les ouvrages qui sont relatifs à la *Philosophie*.

L'Imagination produit les *Arts d'agrément* et la *Poésie*.

La Mémoire produit l'*Histoire*.

Les Besoins physiques ont donné lieu aux *Arts et Métiers* et à la *Culture de la terre*.

Les Besoins moraux ont créé l'*Art de la parole* et les *Lois de l'ordre social*.

C'était bien le cas d'obtenir de M. Coste le développement de ce plan singulier. La médecine et la chimie doivent-elles être comptées au nombre des besoins physiques ? La littérature est-elle un art d'agrément ? La philosophie comprend-elle la théologie ? Mais alors la théologie tombe sous les sens ; c'est ce qu'on aura de la peine à se persuader.

L'imprimerie est-elle un besoin moral ? je sens toute son utilité, mais peut-on appeler besoin, ce dont les hommes se sont passés pendant trois mille et près de cinq cents ans ?

Il se présente une foule de questions qui prouvent que ce système est tout au plus un beau rêve.

Les livres sont tous pour l'homme, donc tous doivent se rapporter à lui. Quelle conséquence !

(100)

(*a*) Je pense que dans une méthode quelconque, le premier soin des auteurs doit être de se mettre à la portée de chacun.

Article Sixième.

Système de Prosper Marchand, traduit de sa préface du Catalogue de Faultrier, publié en 1705.

» Les bibliothèques n'étant établies que pour faciliter l'étude des sciences, et pour porter les connaissances au plus haut degré de perfection; il est nécessaire de disposer les livres qui y sont réunis, dans un ordre tel, que sans peine et sans ennui, ceux qui ont besoin de les consulter, puissent les trouver tout de suite ».

» Dans le nombre immense des systèmes d'arrangement, qui ont été proposés jusqu'ici, celui-là, sans doute, sera le plus utile qui facilitera la mémoire. Or, il n'est pas d'ordre plus propre à aider la mémoire, que celui qui embrassant toutes les sciences, distribue les livres en diverses classes, et les fixe, pour ainsi dire, dans des

---

(*a*) Supposons un traité sur les esprits incorporels. Ce traité sera fait pour éclairer l'homme. Mais quel rapport y a-t-il entre ces êtres et l'homme assujéti à un corps mortel ?

places immobiles, où on peut les trouver et les chercher indubitablement ».

» Ce travail qui a été entrepris par des savans éclairés, mais de différentes manières, m'a également occupé, lorsque je dressai le catalogue de MM. *Biget* et *Giraud*, que j'ai publié en 1606 et 1607; mais je n'en suis pas content, et c'est pour cela que j'ai cru devoir dresser ce catalogue dans un autre ordre; je donne ici l'abrégé de mon système bibliographique; dont je me propose, dans un autre tems, de publier les développemens et les motifs qui me l'ont fait adopter. »

» La bibliographie est l'art de connaître les livres. Cet art ne se borne pas à leur historique; il donne encore la méthode de les classer, soit sur les tablettes, soit dans les catalogues. Voici les règles générales que je me suis proposé de suivre; elles forment la base du système que j'ai adopté : »

» 1°. Je me suis attaché à placer chaque livre à la place qu'il doit occuper, et tous en général, de manière qu'ils présentent leur propre histoire, par leur arrangement seul. On y voit dans quel ordre il faut les lire. On connaît l'origine, les progrès et les succès de chaque science; et les élémens de chacune des sciences se présentent naturellement à l'inspection seule du titre des ouvrages. »

« 2°. Jusqu'ici j'avais disposé les livres suivant leur format; mais ici, je les place de suite quelque soit leur forme ou leur grandeur. Il importe peu à celui qui cherche un livre dans une bibliothèque ou dans un catalogue, que ce livre soit *in-fol.*, *in-4°.* ou *in-8°.*; c'est la matière du livre et non pas sa grosseur qui l'intéresse. »

« 5°. Mais comme les livres traitent de divers sujets, il a fallu les ranger suivant des ordres différens. Ainsi il a fallu distinguer l'ordre de la nature, celui des nations, celui des langues, celui des tems, etc., et même l'ordre alphabétique, qui n'est pas à négliger. ».

« L'ordre naturel exige que les généralités précèdent les ouvrages particuliers; les livres importans doivent être placés avant ceux qui n'ont guère de mérite. Le tout doit précéder les parties. Les ouvrages entiers vont avant les sommes et les continuateurs, avant les défenses et les critiques, les introductions avant les livres de sciences. »

« L'ordre des nations donne le premier rang aux plus anciennes et aux plus connues. Comme les opinions varient à cet égard, voici ma méthode. Je place en tête les Hébreux, ensuite les Grecs, les Romains, les Byzantins, les Allemands, les Belges, les Romains et les Suisses, la France, l'Espagne, le Portugal, l'Angleterre, l'Irlande et l'Écosse, les peuples du Nord et de l'Asie, de l'Afrique et de l'Amérique. »

» L'ordre des langues présente d'abord les plus anciennes, les plus savantes, ensuite les modernes et vulgaires. Comme le rang des nations est arbitraire, voici celui que j'ai cru devoir suivre : langues hébraïque et orientales, langues grecque et latine, ensuite le français, l'italien, l'espagnol, etc. l'allemand, le flamand, l'anglais, le danois, le suédois, le polonais, le sclavon, le hongrois, ensuite les langues d'Asie, de l'Afrique et de l'Amérique. »

» L'ordre des tems, ou chronologique, doit être suivi, non seulement dans l'ordre des nations, des langues et des auteurs, mais même dans les diverses éditions d'un même ouvrage. »

» L'ordre alphabétique est principalement nécessaire pour la table des auteurs. A chaque nom d'auteur, je place le titre de tous les livres qu'il a composés. »

» Cette méthode offre deux avantages : 1°. on voit d'un seul coup-d'œil tous les écrits d'un auteur; 2°. on n'a plus besoin de parcourir une quantité de pages, pour trouver un livre. ».

» Fatigué des peines que j'ai eu pour chercher des ouvrages dans les catalogues de *Draudius* et de *de Thou*, j'ai trouvé cette méthode dès 1695, et je l'ai employée depuis lors, surtout dans le catalogue général des livres imprimés à Paris depuis 1650 jusqu'en 1705. »

» Je me suis surtout attaché à décrire les titres des livres, non seulement avec fidélité et exactitude, mais encore avec beaucoup de clarté; et lorsque j'ai vu qu'ils n'étaient pas assez détaillés, j'y ai suppléé par des explications, entre deux parenthèses ou en caractères différens. »

» J'ai toujours placé les noms et les prénoms des auteurs, soit qu'ils se trouvent sur le frontispice, soit qu'ils y manquent, lorsque j'ai pu les connaître. J'ai désigné les anonymes et les pseudonymes, et j'ai fait imprimer ces noms en petites capitales. »

» Le titre du livre est écrit dans la même langue que l'ouvrage, et lorsque c'est une traduction, je l'annonce de même que je fais connaître de quel idiome il a été traduit. »

» Si l'ouvrage n'est pas publié par l'auteur, j'indique le nom de l'éditeur et ceux des auteurs qui l'ont commenté ou enrichi de notes, etc. »

» Enfin je n'oublie ni le lieu de l'impression, ni le nom et le surnom de l'imprimeur, ni l'année de l'édition, ni la forme du livre, ni le nombre des volumes. »

» J'ai ajouté également dans mes précédens catalogues, la forme de la reliure, que j'ai distinguée par ces lettres *m*, *v*, *p*, *b*, ce qui désigne les reliures en *maroquin*, *veau*, *parchemin* et les *brochures*. »

» Je renferme dans trois chapitres, tout ce qui concerne les livres, en y joignant à la tête une introduction, et à la fin un appendix. Dans ces chapitres ou classes on trouve la science humaine ou la philosophie, la science divine ou la théologie, et la science des événemens ou l'histoire. La bibliographie, ou l'introduction et la polygraphie forme l'appendix. »

» Je divise la bibliographie en bibliographie instructive et en bibliographie simple. »

» La philosophie se divise en deux classes principales, les lettres humaines et les lettres plus abstraites. »

» Les premières comprennent quatre sections : 1°. la grammaire, 2°. la logique et la rhétorique, 3°. la poésie, 4°. la philologie. »

» Les autres sciences sont la philosophie et les mathématiques qui se soudivisent, la première en morale, jurisprudence, politique, métaphysique, physique, histoire naturelle, médecine, chirurgie, pharmacie, chimie et alchimie. La seconde en arithmétique, algèbre, géométrie, astronomie, astrologie, gnomonique, optique, musique, statique ou mécanique : on y joint les arts de la mémoire, de l'écriture, de l'imprimerie, de la peinture, gravure et sculpture, l'architecture, l'art militaire, celui de la navigation, la gymnastique, etc. »

» La science divine ou la théologie renferme les bibles et leurs commentateurs ; la théologie des Juifs, celle des Chrétiens, celles des Mahométans et des Idolâtres ».

» L'histoire est divisée en prolegomenes historiques, en histoire universelle et en histoire ecclésiastique et prophane. Les paralipomènes renferment l'histoire de la noblesse, celle des coutumes des différens peuples, l'histoire des lettres et des langues, les vies des hommes illustres, et les extraits, mélanges et dictionnaires historiques ».

» Les polygraphes, qui terminent toutes les collections et qui forment l'appendix du système, sont les auteurs qui ont écrit sur plusieurs matières à la fois, tels que Plutarque, Lucien, Montaigne, Juste Lipse, etc. ».

Je n'entre pas dans de plus grands détails sur ce système, que je regarde comme l'un des plus clairs qui aient été publiés. Il me reste à parler des systèmes de Martin et de Debure, qui sont à-peu-près les mêmes et le plus adoptés aujourd'hui.

Article Septième.

Systêmes de Martin et de Debure.

Gabriel Martin et ensuite Debure firent des Catalogues presque dans le même systême. Leur grande division est en cinq Classes: *Théologie, Jurisprudence, Sciences et Arts, Belles-Lettres* et *Histoire.*

Le systême bibliographique de Debure est celui qui est aujourd'hui le plus suivi ; je vais l'extraire en entier de sa Bibliographie en 7 volumes, à laquelle le Catalogue de *Guignat* sert de supplément.

Ire. Classe. THÉOLOGIE.

Section Première. *L'Écriture Sainte, avec ses Interprêtes, Critiques et Commentateurs.*

1. Prolégomènes de l'Écriture Sainte, ou Traités généraux préparatoires à la lecture de l'Écriture Sainte ; savoir :

    §. 1. Apparats et Introductions pour l'intelligence du Texte Sacré.

    §. 2. Traités singuliers de la lecture de l'Écriture Sainte ; et Dissertations particulières pour en faciliter l'usage.

§. 3. Traités singuliers de l'inspiration des Livres Sacrés, comme aussi de leur origine et autorités.

II. Textes et Versions de l'Ecriture Sainte.
    §. 1. Bibles en plusieurs langues, vulgairement appelées POLYGLOTTES.
    §. 2. Textes et Versions hébraïques et orientales.
    §. 3. Versions grecques.
    §. 4. Versions latines.
    §. 5. Versions françaises, italiennes, espagnoles, flamandes et hollandaises, et des autres différens peuples de l'Europe.
    §. 6. Versions étrangères, américaines, etc.

III. Harmonies et Concordes évangéliques, extraites des livres mêmes des Évangélistes.

IV. Histoires et figures de la Bible.

V. Écrits et Évangiles apocryphes.

VI. Interprêtes et Commentateurs de l'Écriture Sainte, tant de l'ancien que du nouveau testament.

VII. Philologie sacrée.
    §. 1. Diverses leçons, expositions critiques et conciliations de divers passages difficiles de l'Écriture Sainte.
    §. 2. Traités critiques des Rites judaïques et autres choses mentionnées en la Sainte Écriture.

§. 3. Concordances et Dictionnaires de l'Ecriture Sainte.

Section II. *Conciles.*

I. Traités généraux et particuliers de la célébration des Conciles, de leur puissance, forme et teneur.
II. Collections de Conciles, et Conciles généraux.
III. Conciles et Synodes nationaux de différens pays.

Section III. *Liturgies.*

I. Traités singuliers de l'office divin, et des Cérémonies anciennes et modernes de l'Eglise.
II. Liturgie de l'Eglise ancienne, grecque ou orientale, rituels, livres de prières, etc.
III. Liturgies de l'Eglise latine ou occidentale.
  §. 1. Liturgies de l'Eglise romaine.
  §. 2. Liturgie gallicane.
  §. 3. Liturgies particulières de différens pays.
  §. 4. Liturgies monastiques ou des Ordres religieux.
  §. 5. Mélanges de liturgies; offices particuliers, recueils de prières, etc.

Section IV. *Saints Pères.*

I. Traités singuliers de la lecture des Saints Pères, de leur usage, de leur morale, et du fruit que l'on en retire.
II. Collections et extraits des Saints Pères, grecs et latins, Ecrivains, et autres monumens ecclésiastiques.
III. Ouvrages des Saints Pères, grecs et latins, rangés chronologiquement selon l'ordre des siècles dans lesquels ils ont vécu.
    §. 1. Ouvrages des SS. Pères des six premiers siècles.
    §. 2. Ouvrages des SS. Pères des VIIe. et VIIIe. siècles.
    §. 3. Ouvrages des SS. Pères des IXe. et X^e. siècles.
    §. 4. Ouvrages des SS. Pères des XIe. et XIIe. siècles.

Section V. *Théologiens.*

I. Théologie scholastique et dogmatique; contenant les ouvrages des théologiens de l'Eglise latine ou occidentale, à commencer vers l'année 1050, tems auquel *Pierre Lombard*, fut le premier qui la rédigea en corps.

§. 1. Traités singuliers préparatoires, à l'étude de la Théologie scholastique et dogmatique.

§. 2. Ouvrages des Théologiens scholastiques: *Pierre Lombard*, *Albert le Grand*, *St. Thomas*, *Scot*, *etc.* avec leurs Interprètes, Critiques et Commentateurs.

§. 3. Cours et Sommes de la Théologie scholastique et dogmatique.

§. 4. Traités singuliers de Dieu, des Personnes Divines et de leurs attributs.

§. 5. Traités singuliers des créatures et premièrement des Anges.

§. 6. Traités singuliers théologiques du monde, de la création de l'homme, de sa chûte et de la réparation après sa chûte.

§. 7. Traités singuliers de la Grace et du libre arbitre, de la prémotion physique, de la prédestination, justification, etc.

§. 8. Traités singuliers concernant les disputes sur la Grace, la prédestination et le libre arbitre ; comme aussi celles qui se sont élevées dans l'Eglise à l'occasion du livre de Jansénius et de ce qui a suivi.

§. 9. Traités singuliers théologiques des actions humaines, des vertus et des vices.

§. 10. Traités singuliers de l'Incarnation

de J. C. de sa Passion et de sa Mort.

§. 11. Traités singuliers de la B. Vierge Marie, des Saints et de leurs attributs, comme aussi de leur culte, hommage, etc.

§. 12. Traités singuliers de l'Eglise, et des choses ecclésiastiques, et premièrement de l'Eglise, du Concile, du Pape, de l'Ecriture Sainte et des traditions sacrées.

§. 13. Traités singuliers des Sacremens et de leur administration, des Indulgences et du Jubilé.

§. 14. Traités singuliers des Cérémonies ecclésiastiques et du culte religieux, des Images, etc. où il est aussi traité des Superstitions et de l'Idolâtrie, comme aussi des Cérémonies superstitieuses de la Chine, et des disputes qui se sont élevées, à leur sujet, entre les Jésuites et les autres Missionnaires.

§. 15. Traités singuliers des quatre dernières fins de l'homme : la mort et le Jugement dernier, *le Purgatoire*, le Paradis et l'Enfer ; comme aussi de l'Ante-Christ, et des signes qui doivent précéder la fin du monde.

§. 16. Mélanges de Théologie scholastique : contenant différens ouvrages, opuscules, et dissertations sur divers sujets de

Théologie; avec les lexiques et dictionnaires particuliers.

II. Théologie Morale.

§. 1. Institutions et traités préparatoires à la Théologie morale.

§. 2. Traités généraux de la Théologie morale.

§. 3. Traités singuliers et moraux des loix et de la justice, des actions humaines, des jeux, des divertissemens et spectacles, des contrats, usures, restitutions, etc.

§. 4. Traités moraux des Sacremens, avec ce qui y a rapport.

§. 5. Instructions pour les Confesseurs et les Pénitens.

§. 6. Traités moraux de la probabilité, où il est traité des parjures, des restrictions mentales et des équivoques.

§. 7. Traités singuliers concernant les disputes sur la théologie morale, et sur celle des nouveaux Casuistes.

§. 8. Mélanges de théologie morale: contenant des censures sur la morale, des résolutions de cas de conscience, conférences, etc. diverses opuscules et dissertations.

III. Théologie catéchétique ou instructive.

§. 1. Traités généraux catéchétiques, et

catéchismes généraux et particuliers de différens pays.

§. 2. Traités singuliers et Instructions particulières, sur divers points de la Religion Chrétienne, l'Oraison Dominicale, la Salutation Angélique, le Symbole des Apôtres, le Décalogue, les Commandemens de l'Église, etc.

IV. Théologie Parénétique ou des Sermons.

§. 1. Traités singuliers de la science de la Chaire, et de la composition des Sermons.

§. 2. Collections de Sermons de différens Prédicateurs, sur diverses parties de la Religion et de la morale chrétienne.

V. Théologie Mystique ou Contemplative.

§. 1. Mystiques et ascétiques anciens et modernes.

§. 2. Traités singuliers de l'Amour de Dieu et de l'oraison; là où sont aussi rapportés les traités du pur Amour et du Quiétisme, avec les disputes qui se sont élevées dans l'Église à leur sujet.

§. 3. Traités singuliers de la perfection chrétienne dans les différens états de la vie, généraux et particuliers.

§. 4. Traités singuliers de la pratique des Vertus chrétiennes, Exercices de piété, Méditations, etc.

VI. Théologie Polémique, ou Traités concernant la défense de la Religion Chrétienne et Catholique.

    §. 1. Introductions et Traités généraux et particuliers, de la vérité de la Religion Chrétienne.

    §. 2. Traités généraux et singuliers, polémiques et orthodoxes, pour la défense de la Religion Catholique contre les Hérésies et les Hérétiques anciens et modernes.

    §. 3. Traités polémiques et orthodoxes pour la défense de la Religion catholique, contre les Juifs, les Grecs, Vaudois, Wicléfistes, Hussites, Luthériens, Anabaptistes, Zuingliens, Sociniens, Calvinistes, Quackres, Anglicans, et aussi contre les Infidèles Mahométans, Déistes, Athées etc.

    §. 4. Mélanges de théologie polémique ou conférences sur la Religion; exhortations, motifs de conversion, et traités singuliers de controverse entre les Catholiques Romains et les Protestans.

VII. Théologie Hétérodoxe.

    §. 1. Ecrits des anciens réformateurs grecs et vaudois, Wiclefistes, Hussites, etc. jusques au temps de Luther.

    §. 2. Ecrits des nouveaux réformateurs, et

premièrement des Luthériens : Nation Allemande.

§. 3. Ecrits singuliers des nouveaux réformateurs sacramentaires et Zuingliens : Nation Suisse.

§. 4. Ecrits singuliers des nouveaux réformateurs, Dogmatiques, Moraux, Mystiques, etc. Calvinistes et Protestans.

§. 5. Ecrits singuliers des nouveaux réformateurs Anglicans.

§. 6. Traités singuliers hétérodoxes, contre l'Eglise Romaine en général.

§. 7. Traités singuliers hétérodoxes contre le St. Siège, la Hiérarchie de l'Église Romaine et les Personnes ecclésiastiques.

§. 8. Traités singuliers hétérodoxes contre les Dogmes, Cérémonies, usages et différentes pratiques de l'Eglise Romaine.

§. 9. Traités singuliers contre la Messe et le Saint Sacrement de l'Eucharistie.

§. 10. Mélanges de théologie hétérodoxe, là où sont rapportés les ouvrages de controverse et les disputes élevées parmi les Protestans mêmes ; comme aussi les traités apologétiques sur la tolérance et la violence en matière de religion, avec les réponses qui y ont été faites.

§. 11. Traités singuliers des conciliateurs ou tolérans.

§. 12. Ecrits des Antitrinitaires ou Sociniens.

§. 13. Traités singuliers de la théologie des Quakers et autres fanatiques, Protestans, Préadamites, etc.

§. 14. Traités singuliers, qui contiennent des erreurs particulières; comme aussi plusieurs systèmes de liberté philosophique, de Religion naturelle et politique, Athéisme, Déisme, etc.

§. 15. Traités singuliers de la théologie des Juifs, ancienne et moderne, avec les traités critiques et apologétiques, au sujet de la Cabbale mystérieuse, et leurs traités contre les Chrétiens.

§. 16. Théologie des Gentils. V. Section *des Antiquités*.

§. 17. Théologie mahométane: l'Alcoran et ses Interprètes avec les traités généraux et particuliers de la Religion de Mahomet et de ses Sectateurs.

IIe. Classe. JURISPRUDENCE.

Section Première. *Droit Canonique*

1. Droit Canonique Universel.

§. 1. Traités préparatoires et Institutions de Droit Canonique.

§. 2. Droit Canonique ancien; capitulaires et collections de Décrétales.

§. 3. Droit Canonique nouveau; Corps de Droit Canon, Bulles, Constitutions et autres Actes, avec leurs Commentateurs et Interprètes; comme aussi les divers Ouvrages des Canonistes modernes.

§. 4. Traités singuliers de la Hiérarchie de l'Eglise et des Personnes ecclésiastiques; du Souverain Pontife, de sa primauté, puissance, autorité, droits et prérogatives, etc.

§. 5. Traités singuliers de la puissance ecclésiastique et politique.

§. 6. Traités singuliers de la Puissance royale et séculière dans le gouvernement de l'Eglise et de son indépendance, de celle du Pape.

§. 7. Traités singuliers des autres personnes ecclésiastiques, des Cardinaux, des Légats, des Evêques, de leur Juridiction et Autorité; des Curés, des Chapitres, des Abbés, des Prêtres et de leurs Droits et prérogatives.

§. 8. Traités singuliers des Hérétiques et Schismatiques et de ce qui les concerne.

§. 9. Traités singuliers des choses ecclésiastiques et premièrement : du Célibat des

Prêtres, de la Tonsure ; habillemens, ornemens, marques de distinction, et autres choses extérieures, concernant les Personnes ecclésiastiques.

§. 10. Traités singuliers des Eglises, Paroisses, Bénéfices, Résignations, Décimes, Pensions et ce qui y a rapport.

§. 11. Traités singuliers du Mariage et du divorce, dispenses, censures, excommunications, police et discipline judiciaire, et autres dépendances de la juridiction ecclésiastique.

II. Droit Ecclésiastique de France.

§. 1. Capitulaires, Lois ecclésiastiques, Pragmatique, Concordats, Libertés de l'Eglise Gallicane et Actes de son Clergé.

§. 2. Traités singuliers de la Politique séculière et ecclésiastique de France, et de l'indépendance de la puissance royale de celle du Pape ; où il est aussi traité des différends survenus entre les Cours de France et de Rome, au sujet des franchises, exemptions, etc.

§. 3. Traités singuliers des droits et prérogatives des Eglises particulières de France, des Prélats et autres Ecclésiastiques.

§. 4. Traités singuliers des élections et nominations, où il est traité des droits de Régale et des Indults.

§. 5. Traités singuliers de la discipline ecclésiastique du Royaume de France.

III. Droit ecclésiastique étranger.

IV. Droit Ecclésiastique des Réguliers et des Religieux.

§. 1. Règles, constitutions, droits, exemptions et privilèges des Monastères de différens Ordres, Bénédictins, Chartreux, Camaldules, Dominicains, Franciscains, etc.

§. 2. Règles, constitutions et privilèges de différentes Congrégations régulières, Jésuites, Pères de l'Oratoire, etc. avec les traités singuliers critiques et apologétiques, qui ont paru à leur sujet, et principalement contre les Jésuites.

§. 3. Traités singuliers de la vie et de la discipline monastique et régulière, avec les privilèges prétendus par les Réguliers dans l'administration des Sacremens.

§. 4. Règles et constitutions des Ordres Militaires et traités singuliers des Confrairies avec ce qui y a rapport.

Section II. *Droit Civil.*

I. Droit de la nature et des gens et droit public.

II. Droit Civil général.
- §. 1. Introductions et traités préparatoires au Droit civil.
- §. 2. Ancien Droit des Juifs, des Grecs et des Romains.

III. Droit Romain nouveau.
- §. 1. Traités généraux de Droit civil, corps de Droit et Commentateurs.
- §. 2. Jurisconsultes généraux, qui ont traité de différentes matières de Droit civil.
- §. 3. Traités singuliers de Droit romain nouveau, des loix et des Magistrats, des peines, contrats, prêts et usures, des testamens successions, etc. et autres parties du Droit civil.

IV. Droit Français et ses différentes parties.
- §. 1. Introductions et traités préparatoires à l'étude du Droit Français.
- §. 2. Loix, constitutions, capitulaires, édits et ordonnances anciennes et nouvelles du Royaume de France.
- §. 3. Droit Français national, ou usages et coutumes des différentes Provinces de France.
- §. 4. Recueils d'arrêts, et décisions de différentes Cours Souveraines, et des divers parlemens du Royaume de France.

§. 5. Jurisconsultes Français, généraux et particuliers.

§. 6. Traités singuliers de différentes parties du Droit Français, où il est traité des Droits particuliers du Mariage et des Mariés, des enfans, des testamens, successions, propres, douaires, droits seigneuriaux, peines afflictives et autres parties singulières et en usage dans le Droit Français.

§. 7. Actions forenses ou du Barreau, vulgairement dites, Plaidoyers, Factums, Mémoires, etc.

§. 8. Styles particuliers, et différentes pratiques judiciaires, en usage dans le Droit Français.

V. Droit étranger et de différentes Nations.

IIIe. Classe. SCIENCES ET ARTS.

Section Première. *Philosophie.*

I. Traités généraux préparatoires à l'étude de la philosophie : Introductions et Traités qui renferment l'histoire, l'origine et les progrès de la Philosophie.

II. Philosophie ancienne : Ouvrages des anciens Philosophes Grecs et Latins, Trismegiste,

Pythagore, Démocrite, Socrate, Epicure, Platon, Aristote et autres, qui ont paru, jusques à la fin de l'Empire Romain, avec leurs Interprètes et Sectateurs.

III. Philosophie moderne : Ouvrages des Philosophes modernes, Abélard, Ockam, Confucius, Descartes, Pereyra, Gassendi, Mallebranche, et autres qui ont paru jusques à présent.

IV. Cours universels et généraux de Philosophie scholastique et particulière; institutions, règles, méthodes, etc.

V. Logique et dialectique.

VI. Ethique ou morale.

§. 1. Ouvrages des anciens Philosophes, qui ont écrit sur la morale.

§. 2. Traités généraux de philosophie morale.

§. 3. Traités singuliers de philosophie morale, des vertus, des vices et des passions.

§. 4. Mélanges de philosophie morale, là où sont contenus les traités singuliers de la tranquillité de l'esprit, de la vie heureuse, comme aussi de la prospérité et de l'adversité, et de la conduite qu'il faut tenir dans l'une et dans l'autre.

VII. Économie.

§. 1. Traités généraux économiques.

§. 2. Traités singuliers économiques de l'institution de l'homme et de la femme, de leurs devoirs mutuels, de la conduite dans le mariage, de l'éducation des enfans, du gouvernement domestique, et des devoirs des maîtres et des serviteurs.

§. 3. Traités singuliers de la conversation et société civile, de la politesse des mœurs et des avantages et devoirs des différens âges, comme aussi de ceux des différens états de la vie civile.

VIII. Politique.

§. 1. Introductions et traités généraux de politique anciens et modernes.

§. 2. Traités particuliers du Royaume, de la République et de leur administration.

§. 3. Traités singuliers des divers états du Royaume ou de la République, le Roi, le Prince, la Cour, les Courtisans, les Magistrats, Ministres, Ambassadeurs, etc.

§. 4. Traités singuliers de la guerre et de la paix, des treves, des alliances, du duel, du commerce, etc.

§. 5. Traités singuliers de la politique, et intérêts des princes et puissances de l'Europe.

IX. Métaphysique.

§. 1. Traités généraux de la métaphysique.

§. 2. Traités singuliers de Dieu, de son existence, de sa providence, de l'éternité et du destin.

§. 3. Traités singuliers de l'ame et de son immortalité, de l'esprit de l'homme, de l'intelligence, raison et facultés.

§. 4. Traités singuliers des esprits et de leurs opérations et premièrement de la cabbale, de la magie, des démons, sorciers et enchanteurs, et des opérations magiques et surnaturelles.

§. 5. Traités singuliers des Energumènes, ou des possédés par le démon, de leurs exorcismes, procès, etc.

§. 6. Traités singuliers, critiques et apologétiques, contre la magie, les sorciers, etc.

Section II. *Physique.*

I. Introductions, Cours et Traités généraux de Physique.
II. Traités singuliers de physique.
§. 1. Traités singuliers de la pesanteur, du choc ou impulsion, du mouvement et du repos des corps naturels.
§. 2. Traités singuliers de l'univers créé, du ciel, des astres et des élémens: où il est traité des atômes, du vuide, du plein, de l'air, des météores, du tonnerre, du feu, du froid et du chaud, des vents et de la glace, de la lumière, des couleurs, des

phénomènes, des mouvemens et tremblemens de terre, des volcans et feux souterrains, du flux et reflux de la mer, etc.

§. 3. Traités singuliers de l'homme et de ses facultés, de sa vie, de sa mort, de l'ame sensitive, des sens, des animaux et de leurs facultés.

§. 4. Mélanges de physique; là où sont contenus les traités particuliers et les dissertations singulières, sur différentes parties de la Physique, conversations, dialogues, expériences, etc.

Section III. *Histoire Naturelle.*

I. Introductions et traités préparatoires à l'étude de l'histoire Naturelle.
II. Histoire Naturelle Générale Universelle; contenant les ouvrages généraux des Naturalistes anciens et modernes.
III. Histoire Naturelle particulière. *I. Partie*: les Élémens et ce qui y a rapport.
    §. 1. Histoire naturelle des élémens, métaux, minéraux, pierres et pierreries.
    §. 2. Histoire naturelle, des eaux, fleuves, rivières, fontaines, bains et eaux minérales.
IV. Histoire Naturelle particulière. *II. Partie*: Agriculture et Botanique.

§. 1. Traités singuliers de l'agriculture et des choses rustiques.

§. 2. Histoire naturelle générale des plantes, des arbres, des fruits et des fleurs.

§. 3. Histoire naturelle particulière, des arbres, des plantes, fruits et fleurs de différens pays ; là où sont aussi contenues les collections de plantes et les jardins publics et particuliers.

V. Histoire Naturelle particulière. *III. Partie:* les animaux, insectes, coquillages, etc.

§. 1. Histoire naturelle des quadrupèdes ou des animaux à quatre pieds.

§. 2. Histoire naturelle des oiseaux.

§. 3. Histoire naturelle des poissons.

§. 4. Histoire naturelle des insectes.

§. 5. Histoire naturelle des coquillages et des pétrifications.

VI. Histoire Naturelle particulière. *IV Partie:* Prodiges, mélanges et collections de cabinets.

§. 1. Histoire naturelle des choses extraordinaires, monstres, prodiges, etc.

§. 2. Mélanges d'histoire naturelle; là où sont rapportés divers secrets et merveilles de nature, expériences, etc. comme aussi les diverses collections et cabinets des curiosités de la nature et de l'art.

Section IV. *Médecine.*

I. Introductions, cours, pratiques, dictionnaires et traités généraux de médecine.

II. Médecins Anciens et Modernes, Grecs et Latins, Arabes, avec leurs Interprètes et Commentateurs.

III. Traités singuliers de médecine; *savoir :*

§. 1. Traités singuliers de physiologie ou du corps humain, de ses tempéramens, facultés, usages, etc.

§. 2. Traités singuliers diætétiques et hygiastiques, du régime de vie, des alimens et de leur préparation, de l'art de la cuisine et de ce qui la concerne; des vins, liqueurs et boissons différentes, de leur usage, de leurs bonnes et mauvaises qualités, de l'usage du tabac, etc. de la diète, de l'abstinence, de la vie sobre, de la santé et de sa conservation; comme aussi des moyens de se prolonger la vie.

§. 3. Traités singuliers de pathologie, ou des maladies et affections du corps humain, de leurs causes, signes et progrès, avec les remèdes qui leur sont propres.

§. 4. Mélanges de médecine ; là où sont rassemblés les divers opuscules des médecins, observations, dissertations, nouvelles découvertes, etc. comme aussi les traités critiques et apologétiques pour et contre la médecine et les médecins.

IV. Chirurgie.
    §. 1. Traités généraux et institutions de chirurgie.
    §. 2. Traités singuliers de chirurgie et des diverses opérations de l'art.

V. Anatomie.
    §. 1. Institutions et traités généraux d'anatomie et de ses parties principales.
    §. 2. Mélanges et traités singuliers d'anatomie, opuscules, dissertations, thèses, et autres choses qui s'y rapportent.

VI. Pharmacie.
    §. 1. Pharmacopée universelle; institutions et traités généraux des médicamens et de leur composition.
    §. 2. Pharmacopée simple: thériaque d'Andromachus, etc.
    §. 3. Pharmacopée particulière de différens pays et traités singuliers de divers Auteurs.

VII. Chimie.
    §. 1. Introductions, cours et traités généraux de chimie.
    §. 2. Traités singuliers de chimie, expé-

riences et dissertations particulières qui enseignent les compositions et les différens secrets de chimie, en usage dans la vie civile.

VIII. Alchimie ou philosophie et médecine hermétique, paracelsique, qui est la science de la transmutation des métaux, ou de la pierre philosophale, de l'or potable, etc.

§. 1. Introductions et traités préparatoires à l'étude de l'alchimie.

§. 2. Ouvrages des alchimistes anciens et modernes qui ont traité de la pierre philosophale.

§. 3. Traités singuliers critiques et apologétiques, contre l'alchimie et les alchimistes; où il est aussi traité des Frères de la Rose-Croix, et autres sectateurs de la pierre philosophale.

Section V. *Mathématiques.*

I. Institutions, cours universels, et traités généraux de mathématiques.

II. Arithmétique et algèbre.

III. Géométrie.

§. 1. Élémens et traités généraux de géométrie.

§. 2. Traités singuliers de géométrie.

IV. Astronomie.

§. 1. Institutions et traités généraux d'astronomie, où il est traité de la sphère, et de ses différens systèmes ; comme aussi de la pluralité des mondes, etc.

§. 2. Traités singuliers d'astronomie, du globe céleste, des astres, planètes et étoiles, de leur mouvement et révolution, comme aussi des phénomènes célestes, comètes, etc.

§. 3. Traités singuliers du jour et de la nuit, du crépuscule, de la division de l'année, du calendrier et des tables astronomiques.

V. Astrologie.

§. 1. Traités généraux d'astrologie judiciaire.

§. 2. Traités singuliers des nativités, des songes et de leur interprétation.

§. 3. Traités singuliers de la physionomie de l'homme, de la métoposcopie, chiromancie, géomance, etc.

§. 4. Centuries et prédictions astrologiques avec les traités singuliers, critiques et apologétiques contre l'astrologie et les astrologues.

VI. Gnomonique, ou traité de la science des cadrans et horloges solaires.

VII. Hydrographie, ou la science de la Navigation.

VIII. Optique.
>§. 1. Traités généraux d'optique universelle.
>§. 2. Traités singuliers de dioptrique ; de la réfraction de la lumière, perspective, etc.

IX. Statique, ou la science des forces mouvantes.

X. Hydraulique, ou la science pour l'élévation des eaux, pour les aqueducs, cascades, grottes, etc.

XI. Méchanique, ou la science des machines.

XII. Traités singuliers des instrumens de mathématiques, et de ce qui les concerne.

XIII. Musique, ou la science de l'harmonie.
>§. 1. Traités généraux, théoriques et pratiques de la musique des anciens et des modernes.
>§. 2. Dissertations singulières et traités particuliers de la musique.

Section VI. *Arts.*

I. Dictionnaires et traités généraux des Arts libéraux et méchaniques.

II. Art de la mémoire naturelle et artificielle, et différentes pratiques pour l'exercer.

III. Art de l'écriture, où il est aussi traité des chiffres et des différentes manières d'écrire secrètement.

IV. Art typographique, ou la science de l'imprimerie.

V. Arts du dessin, de la peinture, de la sculpture et de la gravure.

VI. Architecture, ou la science des bâtimens.

§. 1. Traités généraux d'architecture.
§. 2. Architecture civile.
§. 3. Architecture militaire.
§. 4. Architecture navale.

VII. Art militaire.

§. 1. Traités généraux de l'art militaire
§. 2. Traités singuliers des campemens, ordres de batailles, évolutions et discipline militaire.
§. 3. Traités singuliers des armes, machines et instrumens de guerre et de l'artillerie, etc.

VIII. Art pyrotechnique, ou du feu, de la fonderie, de la verrerie, etc.

IX. Art gymnastique; où il est traité du maniement des chevaux et de leur traitement, de la lutte, de la chasse, de la pêche, etc.

X. Traités singuliers des jeux d'exercices, et de divertissement, du saut, de la danse, etc.

XI. Traités singuliers de quelques arts méchaniques: pelleteries, fourrures, teintures de laines, fabriques particulières, vulgairement appelées *Métiers*.

IVᵉ. Classe. BELLES-LETTRES.

Section Première. *Grammaire.*

I. Principes et traités généraux et raisonnés de la Grammaire.
II. Institutions, grammaires et dictionnaires de différentes langues.
　§. 1. Grammaires et dictionnaires des langues hébraïque et orientale.
　§. 2. Grammaires et dictionnaires de la langue grecque.
　§. 3. Grammaires et dictionnaires de la langue latine.
　§. 4. Grammaires et dictionnaires de la langue française.
　§. 5. Grammaires et dictionnaires des langues italienne, espagnole, portugaise, allemande, flamande et hollandaise, anglaise, etc.
　§. 6. Grammaires et dictionnaires des langues septentrionales et étrangères.

Section II. *Rhétorique.*

1. Rhétorique, ou traités généraux de la rhétorique ou de l'art oratoire.

II. Orateurs anciens et modernes.
- §. 1. Ouvrages des orateurs grecs anciens et modernes.
- §. 2. Ouvrages des orateurs latins anciens et modernes.
- §. 3. Ouvrages des orateurs français.
- §. 4. Ouvrages des orateurs italiens, espagnols, etc.

Section III. *Poétique.*

I. Introductions à la poésie, ou institutions, élémens et traités généraux de poétique.

II. Traités généraux de poésie; contenant l'art de composer des pièces de vers, comédies, tragédies, poëmes épiques, de leur construction, etc.

III. Poëtes anciens grecs et latins.
- §. 1. Collections et extraits des poëtes grecs.
- §. 2. Ouvrages des poëtes grecs.
- §. 3. Collections et extraits des poëtes latins anciens.
- §. 4. Ouvrages des poëtes latins anciens.

IV. Poëtes latins modernes.
- §. 1. Collections et extraits des poëtes latins modernes.
- §. 2. Ouvrages des poëtes latins modernes distingués par ordre de Nations; et premièrement les italiens.

§. 3. Ouvrages des poëtes latins modernes, français de nation.

§. 4. Ouvrages des poëtes latins modernes, allemands et flamands de nation.

§. 5. Ouvrages des poëtes latins modernes, anglais, écossais, irlandais, septentrionaux, etc.

§. 6. Poëtes latins modernes, vulgairement appellés *Macaroniques*.

V. Poësie française ancienne et moderne.

§. 1. Collections et extraits des poëtes français.

§. 2. Poëtes français. I. Âge, depuis le commencement de la poësie française jusqu'au tems de Clément Marot, *mort en* 1544.

§. 3. Poëtes français. II. âge, depuis Clément Marot, jusqu'à Malherbe, *mort en* 1628.

§. 4. Poëtes français. III. Âge, depuis Malherbe, regardé comme le restaurateur de la poësie française, jusqu'à nos jours.

VI. Poësie française ancienne et moderne, qui comprend les théatres, etc.

§. 1. Traités préliminaires sur la pratique du théatre en général et singulièrement sur le théatre français.

§. 2. Anciens mystères représentés par personnages, par les Confrères de la Passion, d'abord à la Trinité en 1402, successivement depuis à l'hôtel de Flandres, en 1540 et à l'hôtel de Bourgogne en 1548.

§. 3. Moralités, comédies, soties, farces, et autres pièces, jouées par personnages, après la défense des mystères, par les mêmes Confrères de la Passion; conjointement avec les enfans sans souci, et les Clercs de la Basoche.

§. 4. Auteurs dramatiques qui ont fait des tragédies et des comédies en français, avant et depuis le rétablissement du théâtre, sous le cardinal de Richelieu, jusqu'à présent.

§. 5. Théâtre italien, vulgairement appelé comédie italienne; ou pièces représentées sur ce théâtre par des comédiens italiens, depuis l'année 1680, jusqu'en 1697, et depuis son rétablissement en 1716, sous le nom de troupe de M. le Duc d'Orléans, Régent du Royaume et successivement depuis 1723, jusques à présent, sous le nom de Comédiens Italiens ordinaires du Roi.

§. 6. Académie royale de musique, vulgairement appelée le théâtre de l'Opéra; avec les ballets et autres divertissemens, exécutés par les Rois mêmes ou devant eux, et qui ont précédés, ou qui ont été représentés depuis l'établissement de l'Opéra, sur ce théatre particulier; auquel ces sortes de divertissemens ont donné naissance : avec les chansons et vers pour chanter en français.

VII. Poësie italienne.
    §. 1. Collections et extraits des poëtes italiens.
    §. 2. Poëtes italiens rangés selon la succession des tems auxquels ils ont vécu depuis le Dante jusqu'à présent.
    §. 3. Poëtes dramatiques italiens, ou qui ont composé des tragédies ou des comédies en cette langue.

VIII. Poësie espagnole et portugaise.
    §. 1. Ouvrages des poëtes espagnols et portugais.
    §. 2. Poëtes dramatiques espagnols et portugais, ou qui ont composé des tragédies ou des comédies en ces langues.

IX. Poësie anglaise, irlandaise, écossaise.
    §. 1. Ouvrages des poëtes anglais, irlandais et écossais.
    §. 2. Poëtes dramatiques anglais, irlandais et écossais, ou qui ont composé des comédies ou des tragédies en ces langues.

X. Ouvrages des poëtes allemands, flamands, septentrionaux, etc.

XI. Mythologie.

§. 1. Mythologistes anciens et modernes.
§. 2. Fables, Apologues, etc.

XII. Poësie prosaïque.
    §. 1. Facéties, plaisanteries, histoires comiques, plaisantes et récréatives; latines, françaises, italiennes, etc.
    §. 2. Contes et nouvelles.
    §. 3. Romans d'amour, moraux, allégoriques, comiques et amusans.
    §. 4. Romans anciens, gothiques; de chevalerie errante, ou de la table ronde, avec tout ce qui y a rapport.
    §. 5. Romans historiques et fabuleux.

Section IV. *Philologie.*

I. Critiques anciens et modernes.
    §. 1. Traités généraux de critique.
    §. 2. Ouvrages singuliers des critiques anciens et modernes.
    §. 3. Traités singuliers de critique.
    §. 4. Satyres, invectives, défenses, apologies, etc.
    §. 5. Dissertations singulières, philologiques, critiques, allégoriques et enjouées; comme aussi les traités critiques et apologétiques sur les prérogatives de l'un et de l'autre sexe.

II. Gnomiques, ou sentences, apophtegmes, adages, proverbes et collections de rencontres et bons mots qui ont paru sous des titres en *Ana*.

III. Hiéroglyphiques, ou emblêmes, devises, symboles, rébus, etc. avec les traités singuliers de l'art de les composer.

Section V. *Polygraphie.*

I. Polygraphes latins, anciens et modernes, ou qui ont écrit divers traités, en un ou plusieurs volumes, sur diverses matières et sur différens sujets.

§. 1. Auteurs grecs et latins anciens et modernes.

§. 2. Auteurs français, ou qui ont écrit en français.

§. 3. Collections d'ouvrages français tant en prose qu'en vers, ou mêlés de prose et de vers, de différens auteurs qui ont écrit sur divers sujets.

§. 4. Auteurs italiens, ou qui ont écrit en cette langue.

§. 5. Auteurs espagnols et portugais, ou qui ont écrit en ces langues.

§. 6. Auteurs anglais, irlandais, écossais, allemands, flamands, septentrionaux, etc. ou qui ont écrit en ces langues.

II. Dialogues et entretiens sur différens sujets mêlés.
§ 1. Dialogues grecs et latins.
§ 2. Dialogues français.
§ 3. Dialogues italiens.
§ 4. Dialogues anglais, espagnols, etc.

III. Mélanges de polygraphie, ou diverses collections de questions curieuses et variées, extraits et diverses leçons de discours mêlé en latin et en français.

IV. Epistolaires.
§ 1. Introductions et traités préparatoires au style épistolaire, ou l'art de composer des lettres ou épitres.
§ 2. Collections d'épitres et lettres de différens auteurs.
§ 3. Lettres des auteurs orientaux, grecs et latins anciens et modernes.
§ 4. Lettres des auteurs français.
§ 5. Lettres des auteurs italiens.
§ 6. Lettres des auteurs espagnols, portugais, anglais et des autres Nations de l'Europe.

V^e. CLASSE. HISTOIRE.

Section Première. *Prolégomènes Historiques.*

I. Introductions et traités préparatoires à l'étude de l'histoire.

II. Traités singuliers de l'utilité de l'Histoire.
III. Traités singuliers critiques et apologétiques, pour et contre l'histoire et les historiens.

Section II. *Géographie.*

I. Introductions et traités préparatoires à l'étude de la Géographie.
II. Géographie proprement dite, ou cosmographie et description de l'univers.
III. Géographes anciens et modernes, grecs, latins, français, etc.
IV. Descriptions et cartes géographiques.
 §. 1. Descriptions de diverses parties de la terre et collections de Républiques.
 §. 2. Atlas généraux et cartes géographiques.
 §. 3. Dictionnaires géographiques.
V. Voyages et relations.
 §. 1. Traités singuliers de l'utilité des voyages.
 §. 2. Collections de voyages et de relations.
 §. 3. Voyages généraux faits dans plusieurs parties du monde et recueillis dans le même volume.
 §. 4. Voyages particuliers de l'Europe.
 §. 5. Voyages particuliers d'Asie.
 §. 6. Voyages particuliers d'Afrique.
 §. 7. Voyages particuliers d'Amérique, ou des Indes Occidentales.

§. 8. Voyages imaginaires ou relations supposées.

Section III. *Chronologie.*

I. Introductions et traités préparatoires à l'étude de la Chronologie.
II. Chronologie technique, ou traités dogmatiques du tems et de ses parties.
   §. 1. Traités singuliers de l'année et des mois, des époques et des différens calendriers des Nations.
   §. 2. Dissertations chronologiques et particulières sur différens points obscurs de l'Histoire, avec les disputes élevées dans l'Eglise à leur sujet : par exemple, le jour de la Naissance et celui de la Mort de J. C., la célébration de la Pâque, etc.
III. Chronologie historique; ou l'histoire réduite et disposée par tables, divisions chronologiques et années.
IV. Histoire Universelle.
   §. 1. Histoires universelles de tous les tems et de tous les lieux, depuis la création du monde.
   §. 2. Histoires universelles de certains tems écrites par des auteurs contemporains et autres; là où sont aussi compris les journaux historiques, gazettes, mémoires, etc.

Section IV. *Histoire Ecclésiastique.*

I. Introductions et traités préparatoires à l'étude de l'Histoire Ecclésiastique.
II. Histoires générales des cérémonies religieuses des différentes nations de la terre.
III. Histoire Ecclésiastique proprement dite, ou Histoire de l'Eglise ancienne et nouvelle, Judaïque et Chrétienne.
    §. 1. Histoire ecclésiastique universelle, et premièrement de l'ancien testament, jusqu'à la venue de J. C.
    §. 2. Histoire Ecclésiastique du Nouveau testament, c'est-à-dire depuis la venue de J. C. jusques à présent.
IV. Histoire Ecclésiastique particulière, distinguée par ordre d'Eglises et de Nations.
    §. 1. Histoire ecclésiastique particulière et dissertations concernant l'Eglise primitive.
    §. 2. Histoire ecclésiastique de l'Eglise latine ou occidentale.
    §. 3. Histoire ecclésiastique d'Italie.
    §. 4. Histoire ecclésiastique de France.
    §. 5. Histoire ecclésiastique d'Espagne et de Portugal.
    §. 6. Histoire ecclésiastique d'Angleterre, d'Ecosse et d'Irlande.

§. 7. Histoire ecclésiastique d'Allemagne, des Pays-Bas, etc.

§. 8. Histoire ecclésiastique des pays septentrionaux.

§. 9. Histoire ecclésiastique des pays et régions étrangères, avec l'histoire des missions entreprises pour la propagation de la foi.

V. Histoire catholique et pontificale.

§. 1. Histoire générale et particulière des Conciles.

§. 2. Histoires et vies des papes, avec l'histoire des conclaves, et les dissertations singulières qui ont été faites au sujet de la papesse Jeanne.

§. 3. Histoire des cardinaux.

VI. Histoire monastique, et des ordres religieux et militaires.

§. 1. Traités généraux et particuliers de l'origne et progrès des ordres monastiques.

§. 2. Histoire ancienne monastique, ou des hermites et anachorétes d'orient et d'occident, avant S. Benoît.

§. 3. Histoire monastique de différens ordres : de S. Benoît, de Cluny, des Camaldules, des Chartreux, de S. François, etc.

§. 4. Histoire monastique des clercs réguliers, et des congrégations régulières; jésuites, pères de l'oratoire, de Sainte Geneviève, etc.

§. 5. Histoire monastique des religieux de différens ordres.

§. 6. Histoire des monastères de différens ordres et de diverses nations.

§. 7. Histoire des confrairies et des congrégations de piété.

§. 8. Histoire des ordres militaires et de chevalerie.

VII. Histoire sainte.

§. 1. Actes des martyrs, passions et martyrologe.

§. 2. Vies des saints, et des personnages illustres en piété, de tous les ordres, de toutes les nations, et de toute qualité et condition, rangés selon l'ordre des tems et des lieux auxquels ils ont vécu, depuis le commencement du monde jusqu'à présent.

§. 3. Histoire des lieux saints, des églises, cimetières, etc. comme aussi l'histoire des reliques, des images, des miracles, etc.

§. 4. Mélanges, traités singuliers et dissertations particulières, qui regardent l'histoire ecclésiastique.

VIII. Histoire ecclésiastique des hérésies et des hérétiques.
> §. 1. Histoire ecclesiastique de toutes les églises d'orient, séparées de la communion romaine, et gouvernées par des patriarches.
>
> §. 2. Histoire ecclésiatique des églises réformées d'occident, et premièrement depuis l'origine, jusqu'au tems des vaudois.
>
> §. 3. Histoire ecclésiastique des vaudois et albigeois, etc.
>
> §. 4. Histoire ecclesiastique de réformés sectateurs de Wiclef, Jean Huss, Hiérome de Prague, etc.
>
> §. 5. Histoire ecclesiastique des réformés sectateurs de Luther, Zuingle, Calvin, etc.
>
> §. 6. Histoire ecclésiastique des hérésies des anti-trinitaires ou sociniens, anabaptistes, quacquers, et autres sectes de fanatiques, qui ont paru.
>
> §. 7. Histoire des inquisitions, contre les hérésies et les hérétiques.

Section V. *Histoire profane des monarchies anciennes.*

I. Histoire des Juifs, générale et particulière.
II. Histoire générale des quatre monarchies anciennes, ou empires.
   §. 1. Histoire des Chaldéens, des Babyloniens et des Assyriens, première monarchie.
   §. 2. Histoire des Mèdes et des Perses, seconde monarchie.
   §. 3. Histoire grecque, troisième monarchie : qui comprend les Athéniens, les Lacédémoniens, les Macédoniens, les Syriens, les Égyptiens, les Carthaginois, et autres peuples habitans différentes parties de l'ancienne Grèce.
   §. 4. Histoire romaine, quatrième monarchie, depuis la fondation de l'ancienne Rome, jusqu'au démembrement, et à la fin de l'empire romain.
III. Histoire Byzantine, ou de l'empire de Constantinople, depuis Constantin, jusqu'à la prise de la capitale par les Turcs.

Section VI, première partie. *Histoire moderne, ou des monarchies qui subsistent aujourd'hui*; PREMIÈRE PARTIE, *comprenant les monarchies de l'Europe.*

I. Histoire d'Italie.
   §. 1. Description et notice générale de toute l'Italie.
   §. 2. Histoire générale d'Italie, ou de l'ancien royaume des Goths, des Vandales et des Lombards.
   §. 3. Histoire particulière d'Italie, ou des royaumes, et des différentes républiques qui en font partie; et premièrement de la ville de Rome, état ecclésiastique, Boulogne, Ferrare, etc.
   §. 4. Histoire du royaume de Naples et de Sicile.
   §. 5. Histoire des duchés de Toscane et de Florence.
   §. 6. Histoire de Venise et des différens domaines de cette république, Padoue et Rovigo, Vicence, Vérone et Trévise, le Bressan, Bergame, Feltri, le Frioul, etc.
   §. 7. Histoire de Milan et du pays milanais: Mantoue, le Montferrat, etc.

§. 8. Histoire des duchés de Parme et de Plaisance.
§. 9. Histoire de Modène et Régio.
§. 10. Histoire de Gênes, Corse et Luques.
§. 11. Histoire de Savoye, Piémont, Sardaigne.
§. 12. Histoire de Malte et des autres principautés adjacentes à l'Italie.

II. Histoire de France.

§. 1. Topographie, ou description générale de la France.
§. 2. Préliminaires de l'histoire de France, comprenant l'histoire ancienne des Gaules, et la notice générale du royaume de France, avec les traités préparatoires à son intelligence.
§. 3. Histoire générale de France.
§. 4. Histoire générale de France, sous des règnes particuliers, écrite par des auteurs contemporains, ou autres.
§. 5. Histoire particulière des rois de France et des événemens, arrivés sous le règne de chacun d'eux en particulier, et premièrement des deux premières races.
§. 6. Histoire particulière des rois de France, de la troisième race, depuis Louis VII, jusqu'à la branche des Valois.
— Branche des Valois, depuis Philippe de Valois.

— Branche d'Orléans Valois, depuis Louis XII.
— Branche de Bourbon, règne de Henri IV.
— Règne de Louis XIII.
— Règne de Louis XIV.
— Traités singuliers critiques et apologétiques, historiques, allégoriques, etc. concernant le règne et le gouvernement de Louis XIV.
— Règne de Louis XV, avec les traités singuliers, historiques, critiques et apologétiques, qui y ont rapport.

§. 7. Histoire générale et particulière des villes et des provinces de France, rangées par généralités; savoir:
— Généralité de Paris.
— Généralité de Picardie et Artois.
— Généralité de Lille, ou Flandres.
— Généralité de Haynault.
— Généralité de Normandie.
— Généralité de Caen.
— Généralité d'Alençon.
— Généralité de Soissons.
— Généralité de Chaalons.
— Généralité de Metz.
— Généralité et Gouvernement d'Alsace.
— Généralité de Bretagne.

— Généralité de Tours.
— Généralité de Poitiers.
— Généralité de la Rochelle.
— Généralité de Bourges.
— Généralité d'Orléans.
— Généralité de Moulins.
— Généralité de Riom.
— Généralité de Dijon.
— Généralité de Besançon, ou Franche-Comté.
— Généralité de Limoges.
— Généralité de Lyon.
— Généralité de Bordeaux.
— Généralité d'Ausch.
— Généralité de Montauban.
— Généralité de Toulouse.
— Généralité de Montpellier.
— Généralité de Grénoble, ou Dauphiné.
— Généralité d'Aix, ou de Provence.
— Généralité de Perpignan, ou Roussillon.

§. 8. Mélanges de l'Histoire de France, ou extraits, recueils, collections d'actes, pièces et dissertations, appartenantes à l'histoire de France.

§. 9. Traités singuliers de l'origine, dignités, préexcellence et prérogatives des Rois et du Royaume de France.

§. 10. Traités singuliers du droit de couveraineté et autres droits du Roi de France, ensemble les traités de la politique et du gouvernement de ce Royaume.

§. 11. Histoire des états généraux, dignités et offices du royaume de France.

§. 12. Histoire des actions publiques et solennelles faites en France, et des cérémonies qui s'y sont observées.

§. 13. Traités singuliers historiques, sur les monnaies du royaume de France.

III. Histoire d'Allemagne.

§. 1. Traités préliminaires, collections, chroniques et histoire générale de l'Empire d'Allemagne.

§. 2. Histoire particulière d'Allemagne, sous le gouvernement particulier de ses différens Empereurs.

§. 3. Histoire particulière des divers princes d'Allemagne et des cercles de l'Empire.

§. 4. Mélanges de l'histoire d'Allemagne, et traités qui y ont rapport.

IV. Histoire des Pays-Bas.

§. 1. Histoire générale des Pays-Bas.

§. 2. Histoire particulière des provinces et villes des Pays-Bas, et premièrement: Belgique royale.

§. 3. Histoire particulière de la Belgique confédérée, ou Provinces-Unies des Pays-Bas.

V. Histoire de Lorraine, générale et particulière.
VI. Histoire des Suisses, et des peuples leurs confédérés.
VII. Histoire d'Espagne.
  §. 1. Histoire générale d'Espagne, avec ses traités préliminaires.
  §. 2. Histoire particulière de toute la monarchie d'Espagne, sous le gouvernement particulier des différens princes qui ont occupé le trône.
  §. 3. Histoire particulière des provinces et royaumes de la monarchie d'Espagne.
  §. 4. Mélanges et traités singuliers, concernant l'histoire d'Espagne.
VIII. Histoire de Portugal.
  §. 1. Histoire générale du royaume de Portugal, avec ses préliminaires.
  §. 2. Histoire particulière du royaume de Portugal, sous le gouvernement de ses différens princes.
  §. 3. Histoire des villes et provinces du royaume de Portugal.
  §. 4. Mélanges et traités singuliers concernant le royaume de Portugal.
IX. Histoire de la Grande-Bretagne, ou des trois royaumes : c'est-à-dire, d'Angleterre, d'Écosse et d'Irlande.
  §. 1. Histoire générale de la Grande-Bretagne.

§. 2. Histoire particulière de la Grande-Bretagne, sous le gouvernement de ses rois.
§. 3. Histoire des villes et provinces de la Grande-Bretagne.
§. 4. Mélanges de l'histoire de la Grande-Bretagne, collections d'actes, monumens, chartes, et autres pièces qui la concernent.

X. Histoire des pays septentrionaux : Dannemarck, Suède, Moscovie, Pologne, Hongrie, Transylvanie, etc.

Section VI, seconde partie. *Histoire moderne, ou des monarchies qui subsistent aujourd'hui;* SECONDE PARTIE, *comprenant les monarchies hors de l'Europe.*

I. Histoire orientale générale.
II. Histoire des Arabes, des Sarrasins et des Turcs.
III. Histoire asiatique.
§. 1. Histoire de la Grèce asiatique, et des isles de l'Archipel.
§. 2. Histoire de la Syrie et Palestine, ou de la Terre-Sainte, des Croisades, et du royaume de Jérusalem.
§. 3. Histoire de la Perse.
§. 4. Histoire des Tartares et du Mogol.

§. 5. Histoire des Indes orientales.

§. 6. Histoire de Siam et de Tunquin.

§. 7. Histoire des isles de la mer des Indes.

§. 8. Histoire de la Chine et de la Tartarie chinoise.

§. 9. Histoire du Japon.

IV. Histoire d'Afrique.

§. 1. Histoire générale d'Afrique.

§. 2. Histoire de l'Égypte.

§. 3. Histoire de la Barbarie, et des royaumes de Féz, Maroc, Alger, Tunis, Tripoli, etc.

§. 4. Histoire d'Abyssinie, ou de la Haute Éthiopie.

§. 5. Histoire de la basse Éthiopie, et du royaume de Congo, et des autres isles d'Afrique.

V. Histoire de l'Amérique, ou des Indes occidentales.

§. 1. Histoire générale de l'Amérique, depuis sa découverte par les Européens.

§. 2. Histoire particulière de l'Amérique septentrionale, le Canada, ou la nouvelle France, la Virginie, ou la nouvelle Angleterre, la Floride, le Mexique, ou la nouvelle Espagne, les isles Antilles, etc.

§. 3. Histoire de l'Amérique méridionale et du Pérou, de la Guiane, du Brésil, du Paragay, Terres Magellaniques, etc.

Section VII. *Paralipomènes historiques.*

I. Histoire héraldique et généalogique.
   §. 1. Traités de la science héroïque de la noblesse, des nobles, et de leurs titres et prérogatives.
   §. 2. Traités héraldiques, ou qui appartiennent à la science du blazon.
II. Histoire généalogique des maisons royales, et des familles illustres de toutes les parties de la terre.

Section VIII. *Antiquités.*

I. Rites, usages et coûtumes des anciens et des Modernes.
   §. 1. Rites des Anciens en général, où il est traité des choses saintes, civiles, militaires et domestiques.
   §. 2. Mélanges des rites et usages généraux, particuliers à toutes les nations.
   §. 3. Rites des nations en particulier, et premièrement des Hébreux, des Égyptiens, des Assyriens, des Mèdes, des Perses, des Syriens et autres peuples orientaux.
   §. 4. Rites et usages particuliers des Grecs et des Romains.

§. 5. Rites et usages particuliers des anciens Germains, Druydes Celtiques.

§. 6. Rites et usages particuliers des nations de l'Europe.

§. 7. Rites et usages particuliers des peuples des pays septentrionaux.

§. 8. Rites et usages particuliers des peuples et des nations étrangers.

§. 9. Traités singuliers, critiques et apologétiques, contre différens usages et coûtumes particuliers reçus et mis en pratique chez différens peuples et nations.

II. Histoire lapidaire, inscriptions et marbres antiques.

III. Histoire métallique, ou médailles, monnaies, etc.

§. 1. Introductions et traités singuliers, concernant la science des médailles, de leur intelligence et de leur utilité.

§. 2. Traités généraux et collections générales de médailles de tous genres, et de toutes espèces.

§. 3. Histoire métallique ancienne, ou médailles hébraïques, grecques et romaines.

§. 4. Histoire métallique moderne, ou médailles de différens peuples.

§. 5. Traités singuliers et dissertations particulières au sujet de plusieurs médailles curieuses.

§. 6. Traités singuliers et dissertations sur les monnaies, poids et mesures, tant des Anciens, que des Modernes.

IV. Divers monumens d'antiquités, ou fragmens, Descriptions et Traités singuliers, des édifices publics, amphithéatres, obélisques, Pyramides, sépulchres, statues, etc.

V. Diverses antiquités, pierres gravées, cachets, sceaux, lampes, et autres choses qui nous restent des Anciens.

VI. Mélanges d'antiquités, contenant des collections mêlées, des dissertations, cabinets d'antiquaires, etc.

VII. Histoire des solennités et des pompes, spectacles, etc. des Anciens.

Section IX. *Histoire Littéraire, Académique et Bibliographique.*

I. Histoire des lettres et des langues, où il est traité de leur origine, et de leur progrès.
 §. 1. Histoire des lettres.
 §. 2. Histoire des langues.
 §. 3. Histoire des sciences.
 §. 4. Histoire des Arts.
II. Histoire des Académies, Écoles, Universités, Collèges et Sociétés de gens de lettres, avec les traités particuliers, concernant

leur origine, fondation, progrès, utilité, etc.

III. Bibliographie, ou description de livres.

§. 1. Prolégomènes bibliographiques; bibliographie instructive, et traités particuliers des livres en général, de leur composition, utilité, usage, etc. ensemble des bibliothèques et de leur description, arrangement, etc.

§. 2. Bibliographes généraux.

§. 3. Bibliographes périodiques et journaux littéraires.

§. 4. Bibliographes ecclésiastiques.

§. 5. Bibliographes profanes, nationaux.

§. 6. Bibliographes professionnaux, c'est-à-dire de théologie, de jurisprudence et d'histoire.

§. 7. Bibliographes simples, c'est-à-dire catalogues de bibliothèques.

§. 8. Bibliographes anonymes, etc.

Section X. *Vies des Personnes illustres.*

I. Vies des illustres personnages anciens, Grecs et Romains.

II. Vies et éloges des personnages illustres parmi les Modernes.

III. Vies et éloges des hommes illustres dans les sciences et dans les arts.

§. 1. Vies des hommes illustres en général.
§. 2. Vies des hommes savans, selon les sciences dans lesquelles ils ont fleuri.
§. 3. Vies des hommes savans, selon l'ordre des nations et des tems.
§. 4. Vies des hommes illustres dans les arts.

Section XI. *Extraits historiques.*

I. Diverses collections, extraites des historiens anciens et modernes.
II. Dictionnaires historiques.

Article Huitième.

Nouveau système de Bibliographie, basé sur des principes plus sûrs que les précédens.

Il fallait, pour satisfaire le goût général, chercher un système, qui, sans s'éloigner beaucoup des systèmes les plus généralement adoptés, ne présentât aucun des inconvéniens qu'on y remarque.

C'est à quoi je me suis particulièrement attaché, et quoique mes divisions ne ressemblent point à celles de Debure et de Martin, je n'ai pu m'empêcher de suivre presque en entier la série de leurs divisions.

Voici mon plan et les raisons qui me l'ont fait adopter de préférence à tout autre.

Je commence par la Bibliographie, vient ensuite l'histoire ; je fais suivre les Belles-Lettres après lesquelles je place les Sciences et les Arts; la Jurisprudence et la Théologie terminent mon Catalogue.

Si l'on veut connaître les motifs qui ont déterminé cette nouvelle division, je les puise dans le raisonnement suivant: il est incontestable que la Bibliographie doit être considérée comme une introduction à la connaissance des livres; l'histoire étant dans la classe des livres que tout le monde recherche, que l'on est généralement avide de connaître, j'ai dû croire qu'elle devait être placée au premier rang ; le nombre des littérateurs est bien moins grand que celui des amateurs de l'histoire, aussi je donne le second rang aux Belles-Lettres. Enfin ceux qui cultivent les Sciences forment une moindre partie des lecteurs, et les légistes et les théologiens, étant en bien plus petit nombre encore, c'est par les livres de leur profession que je termine ma division.

Il me reste à présenter à mes Lecteurs le tableau détaillé de mes divisions et soudivisions. Cet exposé terminera ce huitième article.

TABLEAU

Des divisions de mon Système Bibliographique.

INTRODUCTION.

BIBLIOGRAPHIE.

1 Histoire des Lettres et des Langues.
2 Histoire de l'Imprimerie.
3 Histoire des Universités, Académies, etc.
4 Traités sur les Bibliothèques.
5 Bibliographes généraux.
6 Bibliographes nationaux.
7 Bibliographes professionaux.
8 Traités sur les Anonymes, Pseudonymes, etc.
9 Bibliographes périodiques.
10 Catalogues des manuscrits.
11 Catalogues des livres imprimés.
12 Catalogues des libraires.

PREMIÈRE CLASSE.

HISTOIRE.

I. Introduction générale.

1 Traité sur la manière de composer et d'étudier l'histoire. 21 *

II. Géographie.

1 Géographie ancienne.
2 Géographie moderne.
3 Dictionnaires Géographiques.
4 Petites républiques.
5 Atlas et cartes géographiques.

III. Voyages.

1 Traités préparatoires à l'étude des Voyages.
2 Collections générales des Voyages.
3 Voyages autour du monde.
4 Voyages en différentes parties du monde.
5 Voyages en Europe.
6 Voyages en Asie.
7 Voyages en Afrique.
8 Voyages en Amérique.
9 Voyages imaginaires.

IV. Chronologie et Histoire Universelle.

1 Chronologie Technique.
2 Chronologie historique.
3 Histoire Universelle ancienne.
4 Histoire Universelle moderne.

V. Histoire de l'Église.

1 Histoire des différentes religions.
2 Histoire du peuple Juif.

3 Histoire Ecclésiastique générale.
4 Histoire des Conciles.
5 Histoire des Papes et des Cardinaux.
6 Martyrologes et vies des Saints.
7 Histoire générale des Ordres Religieux.
8 Histoires des Ordres de Saint-Benoît et de Saint-Bernard.
9 Histoires des Ordres de Saint-François.
10 Histoires des Jésuites.
11 Histoires des Filles de l'Enfance.
12 Histoires des Minimes, Servites, Carmes, Chartreux, etc.
13 Histoires des Ordres de Chevalerie.
14 Histoires des lieux Saints et des Reliques.
15 Histoires particulières des Églises catholiques.
16 Histoires des Hérésies.
17 Histoires des Inquisitions.

VI. Histoire ancienne.

VII. Histoire moderne.

1 Histoire moderne d'Europe.
2 Histoire moderne d'Asie.
3 Histoire moderne des Arabes et des Turcs.

VIII. Histoire du Blason.

1 La Science du Blason.
2 Histoire généalogique des familles.

IX. Antiquités.

1 Rits et Coûtumes des anciens.
2 Histoire lapidaire ou marbres antiques.
3 Médailles.
4 Monnaies.
5 Poids et mesures, anciens et modernes.
6 Mélanges d'antiquités.
7 Collections de Cabinets, Catalogues de médailles, etc.

X. Vies des Hommes illustres.

1 Vies des Héros Grecs et Romains.
2 Vies des illustres Français.
3 Vies des Hommes illustres des autres nations.

XI. Extraits et mélanges historiques.

SECONDE CLASSE.

B E L L E S - L E T T R E S.

I. Grammaire.

1 Grammaires et Dictionnaires Hébraïques.
2 Grammaires et Dictionnaires Grecs.
3 Grammaires et Dictionnaires Latins.
4 Grammaires et Dictionnaires Français.

5 Grammaires et Dictionnaires Allemands.
6 Grammaires et Dictionnaires Sclavons et des autres peuples du Nord.
7 Grammaires et Dictionnaires Italiens.
8 Grammaires et Dictionnaires Espagnols.
9 Grammaires et Dictionnaires Portugais.
10 Grammaires et Dictionnaires Turcs, Arabes, Persans, Malabares, etc.

II. Rhéthorique.

1 Rhéteurs et Orateurs Grecs anciens.
2 Anciens Rhéteurs et Orateurs Latins.
3 Rhéteurs et Orateurs Français, Italiens, etc.
4 Orateurs Français modernes qui ont écrit en Latin.

III. Poétique.

1 Traités de l'art de faire les Vers.
2 Poëtes Grecs et Latins anciens.
3 Poëtes Latins modernes.
4 Poëtes Latins dramatiques.
5 Poëtes macaroniques ou burlesques.
6 Poëtes Français anciens et modernes.
7 Poëtes Provençaux et Languedociens.
8 Poëtes Italiens et Espagnols.
9 Poëtes Anglais et Allemands.
10 Poëtes lyriques Français.

11 Romans Français.
12 Romans Étrangers.

IV. Mythologie.

1 Mythologistes anciens et modernes.
2 Fables et Apologues.
3 Contes et Facéties.

V. Philologie.

1 Critiques anciens et modernes.
2 Satyres, invectives, apologies.
3 Sentences et proverbes.
4 Emblêmes, devises et *ana*.

VI. Polygraphes.

1 Polygraphes anciens et modernes.
2 Dialogues et entretiens.
3 Lettres et épîtres de différens auteurs.
4 Mélanges.

TROISIÈME CLASSE.

SCIENCES ET ARTS.

I. Philosophie.

1 Traités généraux préparatoires à la Philosophie.
2 Philosophes anciens Grecs et Latins.

3 Philosophes modernes.
4 Moralistes anciens.
5 Moralites modernes.
6 Économistes.
7 Politiques.
8 Métaphysiciens.
9 Traités singuliers des maléfices, sortilèges, etc.
10 Traités des energumènes et des exorcismes.
11 Physique, *traités généraux*.
12 Physique, *traités particuliers*.
13 Histoire naturelle générale.
14 Histoire naturelle particulière : *de l'eau et des élémens*.
15 Des Eaux minérales.
16 Agriculture et jardinage.
17 Botanique : *Histoire naturelle des arbres, plantes, fruits et fleurs*.
18 Histoire naturelle générale des animaux.
19 Histoire des quadrupèdes.
20 Histoire des oiseaux.
21 Histoire des poissons.
22 Histoire des insectes.
23 Histoire des coquillages.
24 Cabinets d'histoire naturelle.

II. Médecine.

1 Médecins anciens Grecs, Latins et Arabes.
2 Ouvrages des médecins modernes.

3 Traités de Physiologie et d'Hygiène.
4 Traités de Pathologie.
5 Ouvrages d'Anatomie et de Chirurgie.
6 Ouvrages de Pharmacie et de Chimie.

III. Mathématiques.

1 Arithmétique et Algèbre.
2 Géométrie et Trigonométrie.
3 Astronomie et Astrologie.
4 Optique et Perspective.
5 Statique ou forces mouvantes.
6 Hydraulique et navigation.
7 Mécanique et Musique.
8 Gnomonique ou art de faire les cadrans.

IV. Arts.

1 Art de la Mémoire.
2 Art de l'Écriture.
3 Art du Dessin, de la Peinture, de la Gravure et de la Sculpture.
4 Architecture civile.
5 Architecture militaire.
6 Architecture navale.
7 Fortifications.
8 Art du feu : *de la Verrerie, etc.*
9 Art Gymnastique : *de la chasse, danse et Jeux différens.*
10 Des différens métiers.

QUATRIÈME CLASSE.

JURISPRUDENCE.

I. Droit Naturel.

1. Droit de la nature et des gens.
2. Droit Public.
3. Droit Civil ou Romain.
4. Droit Français.
5. Droit Civil étranger.

II. Droit Canon.

1. Droit Canonique ancien.
2. Traités de la hiérarchie de l'Église, de la primauté du Pape, etc.
3. Traité de la puissance ecclésiastique et royale.
4. Traités du célibat des prêtres et de la police de l'église.

III. Droit ecclésiastique de France.

1. Capitulaires, pragmatiques, concordats et libertés de l'église gallicane.
2. Traités des droits et prérogatives des Églises de France.

IV. Droit ecclésiastique étranger.

V. Droit ecclésiastique des Réguliers.

1. Règles, Constitutions et privilèges des Monastères.
2. Règles et Constitutions des Jésuites.
3. Règles et Constitutions des Ordres militaires.

CINQUIÈME CLASSE.

Théologie.

I. Écriture Sainte.

1. Bibles Polyglottes.
2. Bibles Hébraïques et Arabes.
3. Bibles Grecques.
4. Bibles Latines.
5. Bibles Françaises.
6. Bibles Espagnoles et Italiennes.

II. Interprêtes et Commentateurs de la Bible.

1. Interprêtes Latins.
2. Interprêtes, traduits en Français.
3. Diverses leçons, expositions, etc. de divers passages de l'Écriture Sainte.
4. Concordances et Dictionnaires de l'Écriture Sainte.

III. Écrits et Évangiles apocryphes.

IV. Liturgie.

1 Traités de l'office divin et des cérémonies de l'Église.
2 Liturgie de l'Église Orientale ou Grecque.
3 Liturgie de l'Église Occidentale ou Latine.
4 Liturgie de l'Église Gallicane.
5 Liturgies particulières des différens pays.
6 Liturgies monastiques.
7 Mélanges de Liturgies, Offices, Missels, Heures, etc.

V. Conciles.

1 Traités généraux des Conciles.
2 Collections des Conciles.
3 Conciles particuliers, Synodes, etc.

VI. Saints Pères.

1 Collections et extraits des Pères de l'Église.
2 Ouvrages des Pères Grecs et Latins, selon le siècle dans lequel ils ont vécu.
3 Ouvrages que l'on place à la suite des Pères de l'Église.

VII. Théologiens.

1 Théologiens Scholastiques et Dogmatiques.
2 Traités singuliers de Dieu, de la Trinité et des Anges.

3 Traités de la grâce, du libre arbitre, etc.
4 Traités de l'incarnation, du culte de la Sainte-Vierge et des Saints.
5 Traités des quatre fins de l'homme, de l'antechrist et de la fin du monde.
6 Mélanges de Théologie scholastique.
7 Théologie morale.
8 Traités généraux des actes humains, de la Justice, des Contrats et de l'Usure.
9 Traités des Sacremens.
10 Mélanges de théologie morale.
11 Théologie cathéchétique.
12 Théologie parénétique ou sermonaires.
13 Théologie mystique.
14 Traités de l'amour de Dieu, du quiétisme, etc.
15 Traités de la perfection chrétienne.
16 Théologie polémique.
17 Mélanges de Controverses.
18 Théologie hétérodoxe.
19 Réformateurs anciens.
20 Réformateurs nouveaux.
21 Auteurs anglicans.
22 Traités contre les dogmes et cérémonies de l'église.
23 Conciliateurs ou tolérans.
24 Anti-trinitaires et Sociniens.
25 Quakers, Protestans, Préadamites, etc.
26 Philosophes, Athées, Déistes, etc.
27 Théologies des Juifs et des Mahométans.

Ceux qui liront attentivement ces divisions verront que je n'ai rien oublié, et s'ils trouvent qu'il est parlé en deux endroits différens des Hérésies et des Conciles, je ne peux m'empêcher de les aviser qu'ils fassent attention à une différence essentielle, c'est que dans le titre des Histoires on a placé les Histoires des Hérésies et des Conciles, et que l'on retrouve les Conciles et les Hérésies à la Théologie; mais là, il n'est question que des actes des Conciles ou des canons et des dogmes des Hérétiques. Cette réflexion n'échappera pas aux gens instruits.

Addition à l'article huitième.

Actuellement, avant de parler des erreurs qui se rencontrent dans le plus grand nombre des Catalogues, je pense que mes lecteurs me sauront quelque gré de leur faire connaître un ouvrage italien, qui commence à devenir rare. Il est intitulé : *Degli autori classici, sacri, profani, Greci e Latini, Biblioteca portatile*, etc.; c'est-à-dire :

BIBLIOTHÈQUE PORTATIVE DES AUTEURS CLASSIQUES, SACRÉS ET PROPHANES, GRECS ET LATINS OU PROSPECTUS DU DOCTEUR EDOUARD ARWOOD, RENDU PLUS INTÉRESSANT PAR DE NOUVEAUX AR-

TICLES ET PAR DE NOUVELLES DÉCOUVERTES, DES ÉCLAIRCISSEMENS CRITIQUES, CHRONOLOGIQUES ET TYPOGRAPHIQUES DISPOSÉS PAR LES SOINS DE L'ABBÉ MAUR BONI ET DE BARTHÉLEMY GAMBA.

Cet ouvrage imprimé à Venise, chez Astolfi, en 1793, est en deux volumes in-12.

Je joins ici la préface italienne traduite en français, pour donner une idée de cet ouvrage intéressant.

Préface.

» Parmi cette grande quantité de livres, publiés pour servir de guides dans l'étude de la littérature, il est difficile d'en trouver un qui ait été reçu avec plus de plaisir et qui ait produit autant d'avantages, que le prospectus des classiques grecs et latins. Si l'on a la complaisance de voir s'accroître l'amour et l'estime pour les maîtres anciens, qui sont les sources de toute la science ; si les bons livres sont toujours préférés aux médiocres, si les estampes correctes et recherchées sont mises au dessus de ces œuvres détestées de Pallas et des Muses ; il faut convenir que nous devons ces bienfaits à l'influence universelle de ce petit ouvrage qui en a fait connaître la différence. »

» Le savant docteur anglais, Edouard Arvood, en conçut l'idée, après avoir trouvé les plus

(177)

curieuses éditions dans la fameuse bibliothèque du chevalier docteur Askew. Son ouvrage fut primé d'abord à Londres, en 1776; fut ensuite inséré dans le recueil du savant Maphée Pinelli, dont le catalogue est recherché à cause de la richesse de ses livres et des savantes notes dont il est enrichi. Le prospectus des classiques, arrangé à l'usage des italiens, parut à Venise en 1780; il fut si recherché qu'il mérita d'être reproduit en anglais et en d'autres langues.

» Nous succédons aujourd'hui aux efforts du Dr Arvood et de Pinelli. On désirait de voir plus d'épandue dans cet ouvrage. Ayant appris que nos savans n'étaient entreprendre cette tâche, nous en avons eu le courage, persuadés de l'indulgence que les savans du notre siècle accordent, qui, plus médiocre, puisqu'ils s'occupent plutôt à célébrer les découvertes, qu'à publier des erreurs trop souvent inévitables.

» Nous avons donc pensé que l'on pouvait faire de ce prospectus une véritable bibliothèque générale de la littérature ancienne. Cet livre manque absolument en Italie, tandis qu'on en trouve chez la plupart des autres nations. Notre étude principale a été de compléter les deux classes, la grecque et la latine, et de les pousser jusques à la renaissance des lettres; ce que plusieurs savants estiment que porte la langue grecque. Nous avons dû ajouter à l'une et à l'autre, beaucoup d'auteurs d'un âge et d'un mérite égal qui avaient été omis dans le nombre des classiques. »

» Nous avons observé exactement l'ordre des tems et nous mettons à la suite du nom des auteurs, l'indication du siècle où ils ont vécu, suivant le système le plus généralement adopté. »

» Nous n'avons pas négligé d'enrichir cette bibliothèque de beaucoup d'éditions antiques et modernes, précieuses, ou nouvellement découvertes, ou publiées depuis l'impression du prospectus italien. En les annonçant nous les faisons connaître et nous relevons le mérite des auteurs ou de ceux qui les ont enrichies de notes. Chaque ouvrage présente la série des éditions qui en ont été faites ; mais ceux qui renferment plusieurs auteurs, sont placées dans la classe des collections que nous avons tâché de rendre plus complète pour l'avantage des gens d'étude et des amateurs. »

» Nous avons recherché, dans les meilleures bibliothèques, tout ce que l'on a pu découvrir de précieux en éditions anciennes. Les premières sont préférées aux autres, il y en a même qui sont portées à des prix extraordinaires. Nous avons eu soin de les distinguer. Mais nous ne nous sommes pas bornés à noter seulement les premières éditions connues sous le nom d'*editio princeps* ; nous avons encore parlé des éditions *douteuses*, dont les fameux bibliographes ont reconnu l'ancienneté, quoiqu'elles ne portent pas des dates pour les faire reconnaître. Plusieurs inconnues ou non citées encore, sont dans notre recueil et nous renvoyons nos lecteurs au tableau critique et typographique que nous avons placé à la fin de l'ouvrage. »

Les éditeurs rendent ensuite compte d'eux-mêmes. Ils nous apprennent qu'ils se sont livrés l'un et l'autre à l'étude de la bibliographie depuis longtems, et qu'ils se sont réunis pour le bien des lettres. Suit la table de l'ouvrage que je vais copier ici.

TABLE DES CLASSES.

PREMIÈRE PARTIE.

Auteurs classiques grecs.
Collections grecques.
Médecins grecs.
Mathématiciens grecs.
Romans grecs.
Commentaires grecs.
Lexicons grecs.
Grammairiens grecs.
Histoire Byzantine.

Écrivains Sacrés.
Agiographes de l'ancien testament.
Agiographes du nouveau testament.
Bibles polyglottes.
Bibles grecques.
Versions grecques des 70 de l'ancien testament.
Nouveau testament grec.
Bible vulgate latine.
Ancien et nouveau testament latin.
Bible avec la glosse.
Bibles historiées.
Saints Pères et écrivains ecclésiastiques.
Écrivains ecclésiastiques grecs.
Collections sacrées et ecclésiastiques.
Conciles.
Droit canon.
Liturgies grecque et latine.
Biographes ecclésiastiques.
Collections des Saints Pères.
Poètes sacrés.
Poètes chrétiens grecs et latins.
Appendix aux écrivains ecclésiastiques.

SECONDE PARTIE.

Classiques latins.
Collections latines.
Droit civil.
Grammaires latines.

Lexicons latins.
Corrections et additions.
Classiques des *variorum* in-4°.
Classiques des *variorum* in-8°.
Classiques *ad usum delphini*.
Classiques de Maittaire, in-12.
Classiques dits *Cominiani*.
Classiques publiés par *Bodoni*.

HOMÈRE.

Parmi les auteurs classiques grecs, les auteurs mettent en tête Homère, comme le père et le maître de toute la littérature, ils annoncent qu'il fleurissait 906 ans avant J. C., 700 après Moyse et 104 après Salomon.

Homeri opera à Demetrio Chalcondylâ ; græcè, in-folio. *Florentiæ, typis Bernardi et Nerii tanaidis Nerlii Florentinorum*, 1488 en 2 vol. première édition grecque. Cette édition a été citée par Debure, n°. 2495.

Une seconde édition grecque in-8. imprimée à *Venise chez Aldus*, sans date, très-rare, dont il existait un exemplaire sur vélin dans la bibliothèque du Docteur Askew à Londres.

Autres éditions grecques des *Aldes à Venise* de 1504, 1517, 1524, 1528, 1537 ; toutes en 2 volumes in-8 : celle de 1524 est la préférée. Ils observent que parmi les éditions de

1557 il y en a certainement une des *Giunti de Venise*, mais que malgré toutes leurs recherches, ils n'en ont point découvert de cette année, sorties des presses d'*Aldus*.

Ils mentionnent ensuite une édition de *Florence chez Philippe Junta*, 1517, 2 vol. in-8.

Une de *Louvain*, *chez Martin*, 1525, 2 vol. in-4.

Une de *Louvain*, *chez Roscius*, 1555, 2 vol. in-4.

Une donnée par Antoine Francinus. *Venise*, *Junta*, 1557, 2 vol. in-8.

Une avec des scholies in-folio, de *Bâle, chez Hewagius*, Une ibid, 1545. Une autre, 1551.

Une de *Venise, chez Farraens*, 1542, 2 vol. in-8.

Une de 1551. *Venise, Pierre de Sabio*, 2 vol. in-8.

Une in-16, *chez Crispin*, 1559, 1567, 2 vol. superbe édition grecque.

Une autre, même format et même imprimeur, 2 vol., 1560, 1567, édition très-belle.

Une par Sébastien Castalione, grecque et latine, in-folio. *Basle*, 1567 et 1661. Ils remarquent que la version latine de Castalion est exacte et élégante; mais que l'édition de 1567 est préférable à celle de 1661.

Une donnée par Obert Giphanius, grecque et latine, in-8. *A Strasbourg*, 1572, en 2 vol.

Une autre de Sébastien Castalion, grecque et latine. *A Basle*, 1582, en 2 vol.

Celle d'Henri Etienne, grecque et latine, 2 vol. in-12. *Genève*, 1588.

Celle de Jean de Sponde, grecque et latine, in-folio. *Basle*, en 1583 et en 1606.

De François Portus, grecque et latine, in-16, des presses de *Berjon*, 1621, 2 vol.

Une autre d'Henri Etienne, grecque et latine, in-8. *Amsterdam*, 1648 et 1650, 2 vol. in-8.

Celle de Corneille Schrevelius, avec les scholies de Dydime, grecque et latine, in-4., 2 volumes. *Amsterdam*, 1656.

Celle d'Etienne Begler, grecque et latine, in-12, 2 vol. *Amsterdam*, 1707.

Une fameuse par Josué Barnés, grecque et latine, in-4. *A Cantorbery*, 1711, 2 vol. Le docteur Barnés employa toute sa fortune à faire faire cette édition, qui l'a illustré, à cause des scholies qu'il y a ajoutés.

Celle de Samuel Clarke, grecque et latine, in-4. *Londres*. L'Iliade de 1729, 1754. L'Odyssée et le reste, 1740. L'édition de l'Iliade de 1729 est plus correcte; mais il y manque les scholiastes anciens, qui sont dans celle de 1754.

Celle de Jean-Auguste Ernest, grecque et latine, in-8. *A Leipsick*, 1754, 1765, en 5 vol. C'est ici la plus estimable des éditions d'Ernest, qui sont généralement incorrectes, et sur du mauvais papier.

Une grecque et latine de *Basle*, 1779, 2 vol. in-4.

On parle ensuite des œuvres d'Homère, séparément publiées.

1. Iliae et Odyssea à *Jacobo Mycillo*, et *Joachimo Camerario*, grecè, in-folio petit ; chez *Hervagius*, de *Basle*, 1541. C'est une bonne édition, la seule que Camerarius reconnoit pour lui appartenir. On y trouve les scholies de Dydime, et les questions de Porphyre et de *Antro nympharum*.

2. Iliae, cum comment. Eustachii grœcè, in-folio, *Romæ*, *Blados*, 1548, 1550, 4 volumes, première édition in-texte, que nous rappellerons encore parmi les commentateurs d'Homère.

3. Grœcè in-4.

L'Iliade et l'Odyssée, en grec, in-folio, à *Basle*, chez *Proben*, 1550, 1560, 2 volumes. Édition beaucoup inférieure à la précédente.

L'Iliade en grec, 1714, à *Oxford*; l'Odyssée, en 1725. Après avoir lu dix à douze fois cette édition, je puis assurer qu'elle est des plus correctes. Il y a une autre édition de ces deux ouvrages, d'Oxford de 1748 et 1780 en deux volumes.

Le même ouvrage à *Glascow*, 1756, 1758,

en 4 volumes. C'est ici une des plus belles éditions d'Homère. J'ai eu occasion de l'examiner et je n'ai pu y trouver une seule faute.

Idem grec et latin par Samuel CLARKE ; in-8. *A Londres*, 1755 — 58; en 4 volumes.

L'Iliade avec des scholies en grec, in-folio, *Rome*, 1517.

La même en grec, in-12. imprimée à *Strasbourg chez Cephaleus*, 1534 ; édition très-rare. Le même imprimeur en avait donné une autre édition in-8., en 1525.

L'Iliade par Adrien Turnebe en grec, in-8. *Paris*, 1554 ; superbe édition, faite avec beaucoup de soin.

La même en grec in-8. *Oxford*, 1675 — 95, deux éditions très-correctes ; elles ont l'une et l'autre les scholies de Didyme.

La même grecque et latine avec les scholies de Didyme in-4. *Cantorbery*, 1689, belle édition très-correcte.

L'Iliade avec les commentaires d'Eustathe, publiée par Alexandre Polrrus, gr. et lat., in-fol., 1750 — 35, en trois volumes; édition incomplète.

L'Iliade en grec et en latin, in-8. *Londres chez Tonson et Watll*, 1722, 2 vol.

La même en grec, in-4. 2 vol., et in-12. 2 vol. à *Glascow*, en 1747 ; l'édition in-4. est préférée.

La même en grec, in-8. à *Oxford du Théatre Sheldonien*, 1765.

— En gr. et en lat. in-8. *Glascow, Foulis*, 1778, 2 volumes.

— Avec les scholies de Didyme, en grec, in-8., *Oxford*, 1780, deux vol.

— Avec les scholies tirés du code vénitien de St. Marc par Jean-Baptiste-Gaspard d'Ansse de Villoison, en grec, in-folio. *Venise, Toleti*, 1788; très-bonne édition.

Ilias à F. C. alter. ad codicem vindobonensem graecè expressa, in-8. *Vindobonæ*, 1789, 2 vol.

Odyssæa græcè, sans nom de lieu ni d'imprimeur, 1541; édition de *Conrad Neobarius*, dont on voit la marque sur le frontispice.

Odyssæa græcè, in-8. *Strasbourg, Cephalæus*, 1550; édition des plus rares.

Eadem, græcè, in-24., par Jean Chrétien Atrebatius, 1567.

Une autre édition grecque, in-4. *Paris, Prevosteau*, 1582.

Une autre, in-8. *Oxford du théatre Sheldon.* 1705.

L'édition de Samuel Begler, grecque et latine, in-12. *Amsterdam*, 1707.

Batrachomyomachia cum scholiis, græcè, in-4. *Venise, Laonicus Cretensis*, 1486. (Première édition).

Eadem, græcè et latinè, in-4. sans note : édition du 15ᵉ. siècle. On la croit antérieure à la précédente. Elle a deux traductions latines : une littérale sous le texte grec, l'autre à côté en vers par Carlo Marsuppino.

Eadem, græcè, in-4. *Milan*, 1486, en caractères rouges et noirs. Édition peu connue, citée dans la bibliothèque de Smith.

Eadem à Thylonio phylinnio, gr. et lat., in-4. 1515; édition extrêmement rare.

Eadem cum Musæo, etc., gr. et lat., in-4. *Basle*, *Froben*, 1518.

Eadem cum scholiis Philippi Melanchthonis, gr., in-4. *Paris*, 1560.

Eadem à Leonardo Lycio, gr. et lat., in-8. *Leipsic*, 1607.

Eadem à Daniele Heinsio, gr. et lat., in-8. *Leyde*, 1632.

Eadem, gr., in-4. *Paris*, *Libert*, 1657; édition rare.

Eadem à Michaele Maittaire, gr. et lat., in-8. *Londres*, *Bowyer*, 1721. (Bonne édition.)

Hymnus in cererem, par David Rubnkenius, gr., in-8. *Leyde*, 1780, et in-8. *Ibid.* 1782; éditions recherchées.

Idem ad codicem moscov. expressus, græcè, in-8. *Gottingue*, 1786.

Hymnus in cererem à Chr. Gul. Mitscherlich, gr., in-8. *Leipsic*, 1787.

Homeri et Hesiodi certamen ab Henrico-Stephano, græcè, in-8. *Henr. Stephanus*, 1575.

ŒUVRES D'HÉSIODE.

L'opinion la plus accréditée, appuyée de l'avis d'Hérodote, de Platon, de Suidas et des marbres d'arondell, est que le tems d'Homère doit se rapporter à 906 ans avant J. C.; on croit qu'il fut fils d'un cousin d'Hésiode qui avait 30 ans de plus que lui. Tel est l'avis des fameux Cunich et Zamagna, qui ont traduit ces deux auteurs en latin.

Hesiedi opera, græcè, in-folio, *Venise, Aldus*, 1495. Il est imprimé avec Théocrite.

Idem à franc. Tissardo, græcè, in-4. *Paris, Gourmont*, 1507.

Idem, græcè, in-8. *Florence, Junta*, 1515.

Idem, græcè, in-8. *Basle, Froben*, 1521.

Idem cum scholiis à Victore Trincavello, gr., in-4. *Venetiis, Zanneti*, 1537; belle et correcte édition.

Idem cum Theognide, Musæo, Orphæo, Phocylide, etc., gr., in-8. *Florence, Junta*, 1540.

Idem, græcè, in-8. *Venise*, 1542.

Idem, græcè, in-8. *Venise, Farræus*, 1543.

Idem, gr., in-8. *Francfort*, 1549.

Idem cum scholiis, grec et latin, in-8. *Basle*, *Birchman*, 1542, (1564) *Oporinus*, 1574, et sans note.

Idem ab Georgio Heinschio, gr. et lat., in-8. *Basle*, 1580.

Idem, grec et latin, in-8. *Commel*, 1591.

Idem à Joanne Spondano, gr. et lat., in-8. *La Rochelle*, 1592; rare et excellente édition.

Hesiodi opera, gr. et lat., in-8. *Commel*, 1598.

Eadem cum scholiis à Daniele Heinsio, gr. et lat., in-4., *in officinâ Plantin. Raphel.* 1605, et in-8. *Leyde*, en 1613 et en 1622. On cite l'édition in-4.

Eadem, gr. et lat., in-8. *Parisiis, Libert*, 1627; à cette rare et superbe édition sont jointes Théocrite, Théognide, Moschus, Musée, Bion, Phocylide et d'autres Poëtes, tous imprimés en 1627, chacun avec leurs frontispices parce que l'imprimeur ne projettait pas de les vendre réunis; dans la suite on les mit dans un seul volume avec le titre suivant: Vetustissimorum poetarum, Hesiodi, Theocriti, Theognidis, Moschi, Musæi, Bionis, Phocylidis et aliorum opera Georgica, Bucolica, Gnomica, omnia notis suo loco necessariis illustrata, et indicibus locupletata; *Parisiis, Joan. Libert*, 1628.

Eadem gr. et lat. cum indice Georgii Pasoris, in-8. *Amsterdam*, 1652 et 1646.

Eadem à Cornelio Schrevelio, gr. et lat., in-8. à *Leyde*, 1650 — 1652.

Eadem cum notis Schrevelii et indice Georgii Pasoris, gr. et lat., in-8. *Leyde*, *Elzévir*, 1657, (1658); belles éditions très-correctes.

Eadem ex editione Cornelii Schrevelii, in-8. gr. et lat., *Cantorbery*, 1672, et *Leipsic*, 1750.

Eadem cum notis variorum et Joannis Clerici, gr. et lat., in-8. *Amsterdam*, 1701 ; excellente édition.

Eadem à Thomâ Robinson, gr. et lat., in-4. *Oxford*, 1737. Excellente et magnifique édition, mais dans laquelle il manque les scholiastes anciens qui contiennent un trésor d'érudition mythologique : ce qui doit déplaire aux amateurs de la littérature grecque.

Eadem à Joanne Tobiâ Krebsio, gr. et lat., in-8. *Leipsic*, 1746 — 1776. Ce Krebsius était un éditeur savant et judicieux à qui la république des lettres est redevable de ses fameuses observations sur le nouveau testament ; il les a puisées dans Josephe, et il les a publiées à *Leipsick* en 1755. Il a fait paraître encore nombre d'autres ouvrages pleins d'érudition.

Eadem ab Ant. Mar. Salvinio, gr., lat. et italien, in-8. *Pavie*, 1747.

Eadem, graecè, in-8. *Leipsick*, 1776.

Eadem ex recensione Thom. Robinsoni à

Chr. Fred. Loesnero, gr. et lat., in-8. *Leipsick*, 1778.

Eadem à Bernardo Zamagna, gr. et lat., in-4. *Parme, Bodoni*, 1785; (superbe édition).

Hésiodi opera et dies, græcè, in-folio, sans date. Cette édition est de Milan en 1493, comme nous le dirons, en parlant de Théocrite.

Eadem ab Ulpio Franckrensi, gr. et lat., in-8. *Basle*, 1559.

Eadem, græcè, in-4. *Paris, Boyardus*, 1547, et *Martin Jeune*, 1549.

Theogonia et scutum Herculis, gr., in-4. *Paris, Boyardus*, 1547.

Theogonia, gr., à F. A. Wolf, in-8. *Halæ*, 1783.

Quoique les plus grands hommes aient travaillé sur cet auteur, nous sommes assurés que l'on pourrait, avec de bons manuscrits, le rendre plus clair, et sa lecture plus avantageuse.

TIRTÉE.

Il vivait environ 680 ans avant J.-C.

Tirtæi carmina græcè à Christ. Adolpho Klotzio, in-8. *Brême, Forster*, 1764.

Les mêmes, en grec, in-8. *Altenbourg*, 1767.

On trouve encore des vers de Tirtée dans les *Carmina novem illustrium fœminarum*, in-8. gr. et lat.; *Amsterdam, Plantin*, 1568.

ÉSOPE.

Il vivait 580 ans environ avant J.-C.

Æsopi fabulæ, in-4. en grec, sans date. Elles sont des mêmes caractères que la grammaire de Lascaris, de 1476. On les croit plus anciennes que les suivantes.

Æsopi fabulæ à Bonnaccursio Pisano, gr. et lat., in-4. sans date. Mais *à Milan* vers 1480.

Eædem ex interpretatione Rinuucci Thettali, curâ Bonnaccursii Pisani ab eodem, gr. et lat., in-4. *Regii, Berthocus,* 1497; édition assez rare.

Eædem à Gabr. Braccio, gr. et lat., ex versione Barthol. Pelusii, in-4. sans nom de ville ni d'imprimeur, 1498. On croit cette édition de *Venise*. On lit à la fin : *Ex ædibus* Bartholomæi Justinapolitani, Gabrielis Brasichellensis, Joannis Bissoli, et Benedicti Mangii, Carpensium.

Æsopi fabulæ cum Gabria, etc. ab Aldo manutio, gr. et lat., in-fol. *Venise, Aldus,* 1505. et l'édition grecque seulement sans date, mais comprise dans le catalogue des éditions des Aldes. Quelquefois l'édition de 1505 se trouve sans la version latine à côté.

Eædem, gr. et lat., *Basle*, in-8. 1518, 1538, 1544, 1550.

Eædem, in-4.; à *Paris chez Robert Etienne*, 1546; belle édition.

Eædem, gr. et lat., in-16; *Plantin*, 1567, (1574).

Eædem, ab Isaaco Neveleto, gr. et lat., in-8. *Heidelberg*, 1610, et *Francfort*, 1660.

Eædem, gr. et lat., in-12; *Londres*, 1679.

Eædem, ex delectu et recensione à Alsop, gr. et lat., in-8. *Isenari* et *Lipsiæ*, 1741, 1755, (1771); éditions préférées à toutes les autres.

Eædem, gr. et lat., in-8. *Basle*, 1780.

On trouve dans quelques-unes des éditions ci-dessus, des fables sous le nom de Gabria, auteur du quatrième siècle; mais beaucoup de personnes pensent qu'elles sont d'un diacre de l'église de Constantinople, qui vivait au 9e. siècle.

PHALARIS,

Tyran d'Agrigente en Sicile, vivait 570 ans avant J.-C. Ses ouvrages sont supposés.

Phalaridis epistolæ à Bartholomæo Justinopolitano, græcè et latinè, in-4. *Venise*, 1498. Édition d'une grande rareté dans laquelle on trouve: *Apollonii et Bruti epistolæ*. Elle sort des presses des imprimeurs qui ont donné l'Ésope de 1498.

Eædem à Thomá Naogeorgio, gr. et lat., in-8. *Basle, Oporinus*, 1558.

Phalaridis et aliorum epistolæ, in-12, gr. et lat.; *Tornæsius*, 1612.

Eædem à Carolo Boyle, gr. et lat.; *Oxford*, 1695, 1718.

Eædem cum notis Boyle et comment. Joan. à Leunep. à Lud. Gasp. Valckenario, gr. et lat., in-4. *Groningue*, 1777. La meilleure édition est celle-ci.

STESYCHORUS.

Mort 561 ans avant Jésus-Christ.

Stesychori fragmenta à Joanne Andreâ Suchfort, gr. et lat., in-4. *Gottingue, Dieterich*, 1771; c'est la meilleure édition. Quelques auteurs prétendent que Stesychore avait, dans ses vers, les graces de Pindare et de Simonide, et qu'il les surpassait par la majesté de son style.

On trouve ses fragmens dans Pindare et dans les anciens lyriques recueillis par Henri Étienne.

THÉOGNIDE

Vivait environ 540 ans avant J.-C.

Theognidis sententiæ, gravé, in-fol. *Venetiis, Aldus*, 1495. Avec Théocrite.

Eædem, græcè, in-8. *Basle, Froben*, 1521.

Eædem cum scholiis Elie Vineti, gr. et lat., in-4. *Paris*, 1543.

Eædem à Jacobo Hertelio, gr. et lat., in-8. *Paris*, 1543. (*Basle, Oporinus*, 1561, 1569).

Eædem et alia aliorum carmina à Joachimo Camerario, gr. et lat., in-8. *Basle*, 1550.

Eædem cum scholiis Joach. Camerarii, græcè, in-8. *Basle, Oporinus*, 1551, 1555, 1576.

Eædem à Joanne Crispino, gr. et lat., in-12; *sans nom de ville*, 1569.

Eædem, gr. et lat., in-8. *Plantin*, 1577, 1582.

Eædem à Friderico Sylburgio, gr. et lat., in-8. *Heidelberg, Commelin*, 1597. *Francfort*, 1603, et in-12, *Utrecht*, 1659. Cette dernière édition est faite avec beaucoup de soin.

Eædem cum scholiis Joachimi Camerarii et indice duplici à Wolfgango Sebero, gr. et lat., in-8. *Leipsick*, 1620; rare et excellente édition.

Theognidis sententiæ, gr. et lat., in-8. *Paris, Libert*, 1627; très-rare édition.

Eædem cum indice ac notis ab Ant. Blackwall, gr. et lat., in-12; *Londres*, 1706. Édition rare et recherchée, quoique d'une mauvaise exécution.

L'éditeur est le même qui a écrit sur le mérite des auteurs classiques sacrés.

Theognidis sententiæ ex editione Sylburgii, gr. et lat., in-12; *Utrecht*, 1748.

Eædem ab Angelo Mariâ Bandinio, gr., lat. et italien, in-8. *Florence*, 1766.

PHOCYLIDE

Vivait environ 40 ans avant J.-C. Ces fragmens sont réputés apocryphes; on les attribue à un auteur chrétien qui vivait après Trajan et Adrien.

Phocylidis carmina, gr. et lat.; *Venise, Aldus*, 1494, in-4. Première édition publiée avec la grammaire de Lascaris.

Eadem, græcè, in-fol. *Ibidem*, 1495, publiée avec Théocrite.

Eadem à Vito Amerpachio, gr. et lat., in-8. *Basileæ, Oporinus*, 1554, *et Lyon*, 1556.

Eadem à Michaele Neandro, gr. et lat., in-4. *Basileæ, Oporinus*, 1559; avec Pythagore, Théognides, etc.

Eadem, gr. et lat., *Paris, Libert*, 1628. Edition très-estimée; on y a joint Hésiode, Théocrite, etc.

Eadem ab Henrico Bonnik, gr. et lat., in-8. *Leipsick*, 1710.

Eadem à Joanne Adam Schier, gr. et lat., in-8. *Leipsick*, 1751. Bonne édition.

Eadem ab Angelo Mariâ Bandinio, gr., lat. et italien, in-8. *Florence*, 1766; avec Théognide et Pythagore.

ANACRÉON.

Mort 537 ans avant J.-C., ayant avalé un grain de raisin sec qui l'étouffa.

Anacreontis opera ab Henr. Stephano, gr. et lat., in-4. 1554. Belle édition.

La même, gr. et lat., in-8. *Paris, Morel,* 1556, et *Londres*, 1657.

Eadem à Fulvio Ursino, gr., in-8. *Plantin,* 1568, et dans le recueil des *novem fœminarum carmina.*

Eadem, en grec, in-4. *Angers*, 1611.

Eadem, en grec, in-8. *Paris, Libert,* 1624. Édition très-rare.

Eadem, avec les scholies de Jean Armand le Boutillier, en grec, in-8. *Paris*, 1639. Édition de peu de mérite; mais curieuse et recherchée à cause de son auteur, le célèbre Jean Armand Boutillier de Rancé, abbé de la Trappe, qui la publia à l'âge de 13 ans et qui la dédia à son parrain, le fameux cardinal de Richelieu.

Eadem cum Sappho à Tanaquillo Fabro, gr. et lat., in-12; à *Saumur*, 1660, 1680, et la version italienne de Barthelemi Corsini, in-12; à *Naples*, 1700.

Anacreontis opera, gr. et lat., in-8. *Cantorbery*, 1684.

Eadem à Jos. Barnesio, gr. et lat., in-8. *Cantorbery*, 1705, 1721, et *Londres*, 1754. Les éditions de Cantorbery sont préférées. Celle de 1705 a les portraits d'Anacréon, de Barnès et du duc de Malborougk.

Eadem à Guil. Baxtero, gr. et lat., in-8. *Londres*, 1695, 1710. Cette seconde édition est excellente.

Eadem à Mich. Maittaire, gr. et lat., in-4. *Londres*, 1725, 1740. On préfère l'édition de 1725.

Eadem à Joan. Cornelio de Pauw, gr. et lat., in-4. *Utrecht*, 1752. Édition peu recherchée; on en trouve quelques exemplaires dont on a refait le frontispice sous la date d'*Utrecht*, 1753.

Eadem, en italien, grec et latin, in-4. *Venise*, 1756.

Eadem à ..... Trapp, gr. et lat., in-12; *Londres*, 1742.

Eadem ab Angelo Mariâ Bandinio, gr., lat. et italien, in-8. *Florence*, 1742.

Eadem, gr. et lat., in-12; à *Glascow*, 1744.

Eadem, grec, in-24; à *Glascow*, 1751, et in-12, 1757.

La seconde édition, plus belle et plus correcte, a fait un honneur infini aux presses de cette Université.

Eadem cum notis variorum à Joanne Frid. Fischero, gr. et lat., in-8. *Leipsick*, 1776. Bonne édition préférable à celle du même Fischer; *à Leipsick*, en 1753.

Eadem cum Sappho et Alcæo, græcè, in-8. *Glascow*, 1777.

Eadem à Richardo Francisco Phil. Brunck, græcè, in-16; *Strasbourg*, 1778. C'est une des meilleures éditions d'Anacréon. La seconde de *Strasbourg* de 1786 est la plus belle.

Anacreontis opera con Saffo de Francesco Saverio de Rogati, gr. et italien, in-8. *à Colle*, 1782, en 2 volumes. Le traducteur, à l'exemple de Métastase, a réduit les odes en chansons pour les mettre en musique, et pour faire mieux sentir les graces et les fleurs d'Anacréon.

Eadem, græcè, cum variis lectionibus, in-4. *Parme, Bodoni*, 1784. Belle et rare édition.

Le même imprimeur en a donné en 1785 une belle édition, en gros caractères.

Anacreontis convivialia semi-ambia à Josepho Spalletti, en grec, in-fol. *Rome*, 1781, avec figures.

SIMONIDES

Vivait environ 5?? ans avant J.-C.

Carmen de mulieribus à Georgio Davide Koelen, græcè, in-8. *Gottingue*, 1781.

On trouve des vers de cet auteur dans le Pindare d'Henri Etienne de 1560, et dans d'autres éditions postérieures des anciens auteurs lyriques.

SILAX,

Contemporain de Pythagore, environ 530 ans avant J.-C.

Periplus à Davide Hoeschelio, græcè, in-8. *Augustæ Vindelicorum*, 1600.

Idem ab Isaaco Vossio, gr. et lat., in-4. *Amsterdam*, 1639.

Idem à Jacobo Gronovio, gr. et lat., in-4. *Leyde*, 1697, 1700. On ne fit pas en 1700 une seconde édition du Silax de Gronovius, mais on changea le frontispice des éditions de 1697 qui restaient, et on y ajouta : *Accedit Jacobi Gronovii animadversio in oxoniensem editionem et examen dissertationis de ætate Scylacis, cum fragmento ephori.* On mit ensuite la même addition aux petits caractères à la fin du livre, et on fait beaucoup plus de cas des éditions où elle se trouve.

Outre Silax et Ephore, on trouve encore dans ces éditions : *Anonymi Ponti Euxini periplus et Agathemeri geographia.*

PYTHAGORE

Vivait environ 500 ans avant J.-C. Ses vers sont supposés; ils appartiennent à un auteur du second ou du troisième siècle.

Pythagoræ aurea carmina ab Aldo Manutio, gr. et lat., in-4. *Venise, Aldes,* 1494. Première édition jointe à la grammaire de Lascaris.

Eadem græcè, in-fol. *Venise, Aldes,* 1495, avec Théocrite.

Eadem à Vito Amerpachio, gr. et lat., in-8. *Strasbourg, Mylius,* 1539; *Basle, Oporinus,* 1554, et *Lyon,* 1556, avec Phocylides.

Eadem, græcè, cum commentariis Stephani Nigri, in 8. *Paris, Morel,* 1555. Édition estimée.

Eadem à Michaele Neandro, gr. et lat., in-4. *Basle, Oporinus,* 1559.

Eadem à Daniele Heinsio, gr. et lat., in-8. *Leyde,* 1607. On la trouve dans le maxime de Tyr de cette édition.

Eadem à Joanne Elichmanno, gr., arab. et lat., in-4. *Leyde, Maire*, 1640, avec la table de Cébés.

Eadem ab Angelo Mariâ Bandinio, gr. et lat., in-8. *Florence*, 1766, avec Théognide et Phocylide.

OCELLUS,

Disciple de Pythagore, environ 500 ans avant J.-C.

De naturâ universi, græcè, in-4. *Paris*, 1539. Première édition.

Eadem à Lud. Nogarola, gr. et lat., in-4. *Venise, Gryphius*, 1559.

Eadem, même édition, gr. et lat., *Commelinus*, 1596.

Eadem ab Emmanuele Vizanio, gr. et lat., in-4. *Bologne*, 1646. Édition meilleure que les précédentes, mais inférieure à celle de Thomas Gale, de 1671 et de 1688.

Eadem ab Abbate Batteux, gr. et français, in-8. *Paris*, 1768. C'est la meilleure édition.

PINDARE.

Environ 480 ans avant J.-C.

Pindari opera sine scholiis, gr., in-8. *Venise, les Aldes*, 1515. Première édition.

Eadem, gr., in-8. *Basle, Cratander*, 1526. Sur l'exemplaire du docteur Askew on lisait cette note écrite de sa main : *Omnium editionum Pindari longè emendatissima est Cratandri editio.*

Eadem, gr., in-8. *Basle, Cratander*, 1556. Édition moins correcte que la précédente.

Eadem, gr., in-4. *Paris, Morel*, 1558. Belle édition.

Eadem, gr., in-8. *Leyde, Plantin*, 1590. Édition très-correcte et très-propre.

Eadem, gr., in-24, *Glascow*, 1754.

Eadem cum scholiis, græcè, in-4. *Rome, Calliergi*, 1515. Édition fort rare.

Eadem cum scholiis, gr., in-4. *Francfort, Brubachius*, 1542.

Eadem cum scholiis, gr. et lat., in-4. *Genève, Paul Etienne*, 1599. Bonne édition.

Eadem cum scholiis à Richardo Wert et Roberto Welsted, gr. et lat., ex versione Nicolai Sudorii, in-fol. *Oxford*, 1697. Quelques-uns des exemplaires de cette célèbre édition portent la date de 1698.

Eadem sine scholiis cum novem lyricorum carminibus, gr. et lat., in-12. *Henri Etienne*, 1560, 1566.

Eadem, gr. et lat., in-12. *Plantin*, 1567.

Belle édition très-correcte; elle contient tous les autres lyriques grecs.

Eadem, gr. et lat., in-12. *Lyon*, 1598.

Eadem, gr. et lat., ab Æmilio Porto, in-8. *Commelin*, 1598.

Eadem ab Erasmo Schmidio, gr. et lat., in-4. *Vittemberg, Schurerus*, 1616. Bonne édition.

Pindari opera à Joanne Benedicto, gr. et lat., in-4. *à Saumur, chez Piededius*, 1620.

Eadem, gr. et lat., in-8. *Glascow*, 1744, 2 vol. Cette édition, que j'ai lue avec attention, est une des meilleures éditions grecques de *Glascow*.

Eadem, gr. et lat., in-8. *Londres, Bowyer*, 1755.

Eadem, gr. et lat., *Glascow*, 1770, 2 vol. in-8.

Eadem cum lectionum varietate à Christ. Guil. Meyne, gr. et lat., in-4. *Gottingue*, 1773, 1774, deux vol. Cette belle édition a un mérite singulier et, à mon avis, c'est la meilleure que nous ayons de ce poète. L'évêque actuel de Londres m'en a donné un exemplaire sur papier fin, qui est le plus beau livre que j'aie jamais vu.

Eadem, gr. et lat., avec de belles figures, par J.-B. Gautier, in-8. *Rome*, 1762.

Carminum pindaricorum fragmenta à Joan. Gotll. SCHNEIDERO, græcè, in-4. *Strasbourg*, 1766.

ESCHYLES.

480 ans avant J.-C.

Æschylis tragædiæ VI, græcè, in-8. *Venise, Aldus*, 1518. Première édition, mais incorrecte.

Eædem ab Adriano Turnebo, græcè, in-8. *Paris, Turnèbe*, 1552. Belle édition.

Eædem cum scholiis à Francisco Robertello, græcè, in-8. *Venise, Scotus*, 1552, en deux volumes. C'est ici la première édition qui renferme toutes les sept tragédies d'Æschyle.

Eædem cum scholiis, græcè, in-4. *Henri Etienne*, 1557.

Eædem à Guil. Cantero, græcè, in-12; *Plantin*, 1580. Édition belle et très-correcte.

Eædem cum scholiis à Thomâ Stanleio, gr. et lat., in-fol. *Londres*, 1663. On en trouve des exemplaires avec la date de 1664, mais ils sont de la même édition, qui est très-recherchée et estimée.

Eædem à Joan. Corn. de Pauw, gr. et lat., in-4. *La Haye*, 1745, 2 vol. Édition préférée à toutes les autres.

Eædem, græcè, in-4. *Glascow*, 1746. Édition préférable à une autre du même lieu, faite en la même année, in-8., en grec et latin, dans laquelle j'ai découvert plus de dix fautes au premier coup-d'œil.

Eædem, gr. et lat.; *Glascow*, *Foulis*, 1746, 2 vol., in-8.

Eædem à Chr. Frid. Schütz, græcè, *à Hale*, *Saxon*, 1782, 2 vol. Bonne édition.

Tragédies d'Eschyle, imprimées séparément.

Septem thebana, à septimio florente christiano, gr. et lat., in-4. *Parisiis*, *Morel*, 1585.

Prometheus à Mich. Aug. Giacomellio, grec et italien, in-4. *Rome*, 1754.

Idem ex editione Morelli, gr., lat. et angl.; *Londres*, 1773, in-4.

Prometheus, Persæ et septem ad thebas, etc. à Rich. Frid. Phil. Brunck, græcè, in-8. *Strasbourg*, 1779.

Choephoræ, gr. et lat., in-4. *Glascow*, *Foulis*, 1777.

THEMISTOCLES

Vivait environ 480 ans avant J.-C.

Themistoclis epistolæ à Joan. Math. Caryophilo, græcè et latinè; *Rome*, 1627, in-4. Quelques exemplaires portent la date de 1626.

Eædem ab Eliâ Ehingero, gr. et lat., in-8. *Francfort*, 1629.

Eædem à Christ. Schoettgenio, gr. et lat., in-8. *Leipsick*, 1710 et 1722.

Eædem à Joan. Christoph. Bremero, gr. et lat., in-8. *Lemgoviæ*, 1776.

SOPHOCLES,

Contemporain de Périclès, environ 460 ans avant J.-C.

Tragediæ Sophoclis sine scholiis, græcè, in-8. *Venise, Aldus*, 1502. Première édition.

Les mêmes en grec, in-8. *Paris, Colin*, 1528.

Eædem à Joachimo Camerario, græcè, in-8. *Haganoæ*, 1534, et *Basileæ*, 1556.

Eædem, græcè, in-8. *Francfort*, 1555, 1567.

Eædem à Guilielmo Cantero, græcè, in-12; *Anvers, Plantin*, 1579, et *Leyde, Raphalengius*, 1593. La première de ces éditions est belle et très-correcte.

Eædem, græcè, in-4. *Glascow*, 1745. Excellente édition.

Eædem à Guilielmo Cantero, gr. et lat., ex versione viri Winsemii, in-8. *Heidelberg, Commelin*, 1597.

Sophoclis tragediæ, gr. et lat., in-8. *Ingolstad*, 1608.

Eædem cum scholiis, græcè, in-8. *Florence,* 1518.

Eædem, græcè, in-4. *Florence, Junta,* 1522.

Eædem, græcè, in-4. *Francfort, Brubachius,* 1544 (et in-8., *ibidem,* 1555, 1567).

Eædem, græcè, in-4. *Florence, Junta,* 1547. Edition très-rare et inconnue à la plupart des bibliographes.

Eædem cum scholiis Demetrii Triclinii, græcè, in-4. *Paris, Turnèbe,* 1553. On en trouve des exemplaires avec la date de 1552.

Eædem cum scholiis Triclinii et Romanis, ab Henrico Stephano, græcè, in-4. *Paris, Henri Etienne,* 1568. Edition magnifique, exécutée avec le plus grand soin.

Eædem, gr. et lat., in-4. *Genève, Pierre Etienne,* 1603. Bonne édition.

Eædem, gr. et lat., in-4. *Cantorbery,* 1665, 1668. Il y en a des exemplaires marqués des années 1669 et 1675.

Eædem à Thomâ Johnson, gr. et lat., in-8. *Oxford,* 1705, 1708, et *Londres,* 1746, 3 vol. On a fait une édition très-correcte dont les 2 premiers volumes sont d'*Oxford* et le troisième de *Londres.*

Eædem à Michaele Maittaire, gr. et lat., in-8. *Londres,* 1722, 2 volumes.

Eædem ex editione Thomæ Johnson, gr. et

lat., in-8. *Glascow*, 1745, 2 vol. C'est ici une des moins correctes éditions des classiques grecs de Glascow. Je l'ai lue plusieurs fois, et j'y ai découvert plus de cent fautes; elle est cependant belle. Il y en a des exemplaires de format in-4.

Sophoclis tragædiæ cum variis lectionibus, gr. et lat., in-12. *Londres*, 1747, 2 vol.

Eædem ex editione Thomæ Johnson, gr. et lat., in-8. *Londres*, 1758, 2 vol. Édition incorrecte.

Eædem ex eâdem editione, gr. et lat., in-8. *Etonæ*, 1775, 2 vol. Excellente édition exécutée avec le plus grand soin, ce qui a fait donner les plus grands éloges à son éditeur G. T.

Eædem à Jo. Capperonnerio et *eo defuncto* à Joanne Francisco Vauvilliers, gr. et lat., in-4. *Paris*, 1781, 2 vol.

Le docteur Arvood avait ainsi noté cette édition : » Le savant M. Capperonnier, garde de la bibliothèque du roi de France, préparait une nouvelle édition de Sophocles; mais ayant appris la mort de ce savant depuis la première impression de ce prospectus, je crains que cette édition ne soit pas publiée ».

Tragédies de Sophocle imprimées à part.

Philoctetes à Q. sept. Florente Christiano, gr. et lat., in-4. *Paris, Morel*, 1586.

Idem à Friderico Gedicke, græcè, in-8. *Berlin*, 1781.

Ajax Lorarius, græcè, in-4. *Paris, Morel*, 1615.

Idem à Josepho Scaligero, gr. et lat., in-4. *Paris, Benenatus*, 1573.

Ajax flagellifer à Baltassare Stolbergio, in-8, gr. et lat., *Vittemberg*, 1668.

Ajax, Electra, Antigonæ et Trachiniæ à Thomâ Johnson, gr. et lat., in-8. *Oxford, du Théatre Scheld*, 1705, 1708, 2 vol.

Electra, græcè, in-4. *Paris, Morel.*

Eadem à Michaele Angelo Giacomellio, gr., lat. et italien, in-4. *Rome*, 1754.

Electra et Euripidis Andromache, à Ric. Frid. Phil. Brunck, græcè, in-8. *Strasbourg*, 1779.

Antigone, græcè, in-4. *Paris, Libert*, 1620.

Œdipus tyrannus, græcè, in-12. *Strasbourg*, 1567. Edition très-exacte.

Idem, græcè, in-4. *Paris, Libert*, 1634.

Idem, grec et latin, in-4. *Glascow*, 1777.

Idem et Euripidis Orestes à Ric. Frid. Phil. Brunck, græcè, in-8. *Strasbourg*, 1779.

EURIPIDE

450 ans avant J.-C.

Euripidis tragœdiæ XVIII, græcè, in-8. *Venise, les Aldes*, 1503. Première édition.

Eædem, græcè, in-8. *Basle*, 1537 et 1551, 2 vol. L'édition de 1537 est la plus correcte.

Eædem cum scholiis ab Arsenio Archiep. Monembasiensi, græcè, in-8. *Bâle, Hervagius*, 1544, 2 vol. Edition rare.

Euripidis tragœdiæ XIX à Guilielmo Cantero, græcè, in-12. *Anvers, Plantin*, 1571. Belle édition très-correcte.

Eædem à Caspare Stiblino, gr. et lat., in-fol. *Bâle, Oporinus*, 1562.

Tragœdiæ XIX et fragmentum XX à Guil. Cantero, gr. et lat., in-8. *Heidelberg, Commelin*, 1597. J'ai lu plus d'une fois cette édition et je l'ai trouvée assez correcte.

Les éditions d'Heidelberg font honneur aux éditeurs.

Eædem, gr. et lat., in-4. *Genève, P. Etienne*, 1602, 5 vol.

Eædem à Jo. Barnesio, gr. et lat., in-fol. *Cantorbery*, 1694. Edition recherchée.

Eædem à Mich. Aug. Carmeli, gr. et italien, in-4. *Oxford, Clarendon*, 1778, 4 vol.

Voici ce qu'écrivait un auteur, lorsque la fameuse édition que je cite parut pour la première fois : » Il paraît à Oxford une édition
» in-4. de toutes les tragédies d'Euripide. Si
» je dois en juger par le prospectus que m'en
» a communiqué l'illustre et savant évêque de
» Londres, je suis assuré qu'elle ne peut qu'aug-
» menter l'honneur et la réputation de cette
» Université ».

Tragédies d'Euripide, imprimées à part.

Heraclidæ, grecè, in-4. *Paris, Libert*, 1627.
Troades, grecè, in-4. *Ibid.*, 1622.
Alcestes, grecè, in-4. *Ibid.*, 1619. Le savant M. Vodhull, mon ami, personnage d'un grand génie, m'a fait observer plus d'une fois, dans cette édition, une découverte plaisante qu'il a faite sur le personnage d'Alceste, et qui prouve la nécessité de se procurer toutes les éditions anciennes publiées en différens lieux, par de savans personnages.

Alcestis, cum scholiis à Joanne Frid. Sal. Kaltwassero, gr. et lat., in-8. *à Gotha*, 1776.
Orestes, gr., in-4. *Paris, Libert*, 1625.
Hecuba, gr., in-4. *Paris, Morel*, 1612.
Hecuba à Desiderio Erasmo, gr. et lat., in-4. *Paris, Morel*, 1560.
Hecuba et Iphigenia à Desiderio Erasmo,

gr. et lat., in-8. *Bâle, Froben*, 1524. Édition rare.

Hecuba, Orestes et Phœnissæ, à Joanne King, gr. et lat., in-8. *Cantorbery*, 1726, 2 vol.

Eadem ex eâdem editione additâ Alcesti à Thomâ Morell, gr. et lat., in-8. *Londres*, 1748, 2 vol.

Hecuba, Phœnissæ, Hippolytus et Bacchæ, à Rich. Fr. Phil. Brunck, gr., in-8. *Strasbourg*, 1780.

Medea, gr., in-4. *Paris, Morel*, 1622.

Eadem cum scholiis, gr. et lat., in-4. *Londres*, 1754.

Eadem, gr. et lat., in-8. *Glascow*, 1775.

Medea, Hippolitus, Alcestis et Andromache, gr., in-4. *Florence, sans date.* Édition magnifique du quinzième siècle, en gros caractères, exécutée par Laurent de Alopa, vénitien, qui publia encore, avec un pareil luxe typographique, l'Antologie, l'Appollonius Rhodius et Callimaque.

Medea et Alcestis à Georgio Buchanano, gr. et lat., in-12. *Edimbourg*, 1722. Édition très-correcte.

Medea et Phœnissæ à Willelmo Piers, gr. et lat., in-8. *Cantorbery*, 1703. Bonne édition.

Eadem ex versione Georg. Buchanani, gr. et lat., in-8. *Edimbourg*, 1722.

Hippolitus à Samuele Musgrave, gr., in-4. *Oxford*, 1756.

Idem à Lud. Casp. Valchenaer, gr. et lat.; in-4. *Leyde*, 1768.

Supplices, à Jer. Markland, gr. et lat., in-4. *Londres*, 1765, et in-8. 1775.

Phœnissæ ab Hugone Grotio, gr. et lat., in-8. *Paris*, 1650, et Amsterdam 1631.

Idem cum scholiis à Lud. Casp. Valkenaer, gr. et lat., in-4. *Franequeræ*, 1755.

Idem cum scholiis à Christ. Gott. Fr. Schütz, gr. et lat., in-8. *Halæ*, 1772.

Phœnissæ et Medea à Josepho Barnesio, gr. et lat., in-8. *Londres*, 1715.

Iphigenia in Aulide et Iphigenia in Tauris, à Jeremiâ Markland, gr. et lat., in-8. *Londres*, 1771.

Electra, à Petro Victorio, gr., in-8. *Rome*, 1545. Première et rare édition.

Electra ab eodem, gr. et lat., in-12. 1546.

Orestes ex editione Jos. Barnesii, gr. et lat., in-12. *Glascow*, 1755. Superbe et bonne édition.

Les amateurs de la littérature grecque regrettent bien que l'Université de Glascow, qui a publié de si belles éditions des classiques grecs, et à qui nous sommes redevables de Sophocle et d'Eschyles, ne nous ait pas donné, dans la même forme, les œuvres complètes d'Euripide.

HÉRODOTE.

440 ans avant J.-C.

Herodotis historiæ, gr., in-fol. *Venise, Aldus*, 1502. Première édition.

Eædem à Joachimo Camerario, gr., in-fol. *Basle*, 1541.

La première de ces deux éditions est préférée.

Eædem, gr., in-fol. *Henri Etienne*, 1570. Edition des plus correctes parmi celles que les Etiennes ont données des classiques grecs.

Eædem, gr. et lat., in-fol. *Henri Etienne*, 1592. Elle vaut mieux que la précédente.

Eædem à Gothofredo Jungermanno, gr. et lat., in-fol. *Francfort*, 1608.

Eædem cum notis Henrici Stephani à Federico Sylburgio, gr. et lat., in-fol. *Oliva P. Stephani*, 1618.

Eædem à Thomâ Gale, gr. et lat., in-fol. *Londres*, 1679. Très-bonne édition.

Eædem à Jacobo Gronovio, gr. et lat., in-fol. *Leyde*, 1715. Edition peu estimée.

Eædem, gr. et lat., in-12. *Glascow*, 1761, en 9 vol. Edition magnifique qui honore bien l'Université de Glascow. Je l'ai lue trois fois fort attentivement et je n'y ai trouvé que très-peu de fautes.

Eædem à Petro Vesselingio, gr. et lat.; in-fol. *Amsterdam*, 1763. Édition préférable à toutes les autres, à cause des différentes leçons mises fidèlement sous le texte à chaque page, et des notes de Vesseling qui sont pleines d'érudition et de critique. On joint à cet exemplaire l'ouvrage suivant, auquel Vesseling renvoie souvent dans ses notes : *P. Wesselingii dissertatio Herodotea ad Tiberium Hemster Huisium. Trajecti ad Rhenum*, 1758, in-8.

Historiarum liber primus, gr., in-4. *Paris*, *Wechel*, 1555. Édition rare.

EMPÉDOCLE D'AGRIGENTE,

Environ 440 ans avant J.-C., contemporain d'Euripide.

Sphæra, græcè, in-4. *Paris*, 1587.

Outre cet opuscule, qui se trouve encore parmi les mathématiciens grecs, nous avons de cet auteur dans les collections grecques : *Poesis Philosophica*, etc. in-8. *Henri Etienne*, 1573.

EUPOLIS

Vivait dans la 85e. olympiade, 435 ans avant J.-C. Il se noya dans l'Hellespont, pendant la guerre contre Sparte.

Sententiæ Eupolidis à Valent. Hertelio, gr. et lat., in-8. *Bâle*, 1560.

On les trouve aussi dans le *Quinquaginta comicorum sententiæ*, gr. et lat., imprimé la même année.

HIPPOCRATE,

Père de la Médecine, 430 ans avant J.-C.

Hippocratis opera, gr., in-fol. *Venise, Aldus*, 1526. Première édition.

Eadem à Jano Cornario, gr., in-fol. *Bâle, Froben*, 1558.

Eadem à Hieronymo Mercuriali, gr. et lat., in-fol. *Venise, Junta*, 1588, 2 vol.

Eadem ab Anutio Foesio, gr. et lat.; *Francfort*, 1595, 1621, 1645.

Eadem ab eodem, gr. et lat., in-fol. *Genève*, 1657, en 2 vol. Très-bonne édition. Il convient d'y joindre un autre livre du même Foésius, intitulé : *Hippocratis œconomia, alphabeticâ serie distincta*, in-fol. *Genève*, 1662.

Eadem à Joan. Ant. Vander-Linden, gr. et lat., in-8. *Amsterdam*, 1665, 2 vol. Édition rare et correcte.

Eadem à Stephano Mackio, gr. et lat., in-fol. *Vienne*, 1743, 1749, 2 vol.

HIPPOCRATIS et GALENI opera, à Renato Charterio, (ignorant éditeur), gr. et lat., in-fol. *Paris*, 1679, en 15 vol.

L'auteur en donna encore une édition à *Venise* en 1737, en 3 vol. in-fol.; mais nous n'en parlons pas, parce qu'elle est seulement en latin.

Œuvres d'Hippocrate imprimées à part.

DE MORBIS POPULARIBUS à Joanne Freind, gr. et lat., in-4. *Londres*, 1717.

DE MORBIS INTERNIS à Joanne Martino, gr. et lat., in-4. *Paris*, 1637.

DE GENITURA ET NATURA PUERI à Joanne Gorræo, gr. et lat., in-4. *Paris, Vascosan*, 1545.

DE ACRE, AQUIS ET LOCIS à Joanne Martino, gr. et lat., in-4. *Paris*, 1646.

DE HUMORIBUS, à N. Vigoræo, gr., in-4. *Paris, Vascosan*, 1555.

DE ALIMENTO, gr., in-4. *Paris*, 1569.

PROLEGOMENA ET PROGNOSTICON à Joanne Henrico, gr. et lat., in-4. *Leyde*, 1597.

JUSJURANDUM à Jo. Henr. Meibornio, gr. et lat., in-4. *Paris, Patisson*, 1575.

COACÆ PRÆNOTIONES à Lud. Dureto, gr. et lat., in-fol. *Paris*, (1588) 1621 et 1658.

Eædem à Joanne Jonstono, gr. et lat, in-12. *Amsterdam, Elzévir*, 1660.

Eædem cum commentis Dureti, ab Adriano

Peleryn Crouet, gr. et lat., in-fol. *Leyde*, 1757.

Coaca præsagia à Jacotio Vandoperano, gr. et lat., in-fol. *Lyon*, 1576.

Opera quædam à Jano Cornario, gr. et lat., *Basle*, 1579.

Aphorismi, gr. et lat., in-12. *Paris, Morel*, 1557.

Iidem à Jo. Heurnio, gr. et lat., in-12. *Leyde*, 1601.

Iidem ab Adolpho Vorstio, gr. et lat., in-12. *Leyde, Elzévir*, 1628.

Iidem ab Ernesto Scheflee, gr. et lat, in-12. *Leyde*, 1662.

Iidem ab H. Poort, gr. et lat., in-12. *Utrecht*, 1657.

Iidem à Theodoro Jansson ab almeloveen, gr. et lat., in-24. *Amsterdam*, 1685, et *Strasbourg*, in-12., 1756. La première édition est très-rare.

Iidem à Martino Listero, gr. et lat., in-12. *Londres*, 1765.

Iidem à Jacobo Fickio, gr. et lat., in-12. *Iena*, 1729.

Iidem à Joan. Christ. Rieger, cum notis variorum, gr. et lat., in-8. *La Haye*, 1767, 2 vol.

On en voit des exemplaires datés de *Leyde* en 1778.

Aphorismi, carminibus græcis et latinis, à Gerardo Denisoto, in-12. *Paris*, 1634.

De virginalibus à Mauricio Cordato, gr. et lat., in-12. *Paris*, 1574.

De humoribus purgandis à Lud. Dureto, gr. et lat., in-12. *Paris*, 1641.

De victus ratione à Joan. Vassæo, gr. et lat., in-12. *Paris*, 1543.

De vulneribus capitis à Fr. Vertuniano, gr. et lat., in-8. *Paris, Patisson*, 1578.

Hippocratis opuscula à Joanne Heurnio, gr. et lat., in-8. *Anvers, Plantin*, 1607, 2 vol.

Eadem à Joan. Rodulpho Zuingero, gr. et lat., in-8. *Bâle*, 1748.

SOCRATE.

Maître des philosophes dont Platon dit qu'il a apporté du ciel aux Grecs, la philosophie morale. Il fleurissait environ 420 ans avant Jésus-Christ.

Socratis epistolæ cum aliis aliorum à Leone Allatio, gr. et lat., in-4. *Paris*, 1637. On y a joint celles d'Antisthènes et des autres disciples de Socrate.

ARISTOPHANE,

Contemporain d'Alcibiade, environ 400 ans avant Jésus-Christ.

Comediæ IX cum scholiis, gr., in-fol. *Venise, Aldes*, 1498. Première édition.

Eædem, gr., in-4. *Florence, Junta*, 1525.

Eædem, gr., in-8. *Ibid.* 1540.

Comediæ XI cum scholiis, à Sigismundo Galenio, gr. et lat., in-fol. *Bâle, Frobenius*, 1547. Belle édition exécutée avec soin.

Eædem ab Æmilio Porto, gr. et lat., in-fol. *Genève*, 1607.

Eædem à Ludolpho Kustero, gr. et lat., in-fol. *Amsterdam, Fritsch*, 1710. C'est la meilleure édition.

Comediæ IX sine scholiis, gr., in-8. *Florence, Junta*, 1515.

Eædem à Joanne Chæradamo, gr., in-4. *Paris, Gourmont*, 1528.

Aristophanis comediæ XI, græcè; *Bâle, Cratander*, 1552. Edition belle et correcte.

Eædem, gr., in-8. *Venise, Zannetti*, 1538.

Eædem, gr., in-4. *Paris, Wechel*, 1540.

Eædem, gr., in-8. *Venise, Farræus*, 1542.

Eædem, gr., in-8. *Francfort*, 1544.

Eœdem, gr., ab Angelo Caninio, in-8. *Gryphius*, 1548.

Eœdem, gr., in-12. *Anvers, Plantin,* 1600. Édition très-correcte.

Eœdem à Josepho Scaligero, gr. et lat., in-12. *Leyde,* 1624. Il s'en trouve des exemplaires à la date de 1625.

Eœdem à Wilhelmo Wilhelmo et Theodoro Triglandio, gr. et lat., in-12. *Amsterdam,* 1670. Bonne édition.

Eœdem à Stephano Beglero, gr. et lat., in-4. *Amsterdam,* 1760, en 2 vol. Édition exécutée avec peu de soin et inférieure aux autres de Custer.

Eœdem à Rich. Franc. Phil. Brunck, gr. et lat., in-8. *Strasbourg, Treuttel,* 1783, 5 volumes.

Comédies d'Aristophane publiées à part.

Nubes, en grec, in-4. *Paris, Prevosteau,* 1604.

Nubes, gr., in-4. *Paris, Libert,* 1628.

Nubes, gr., cum scholiis ex editione Kusteri et latinè, in-8. *Harderovici,* 1752.

Nubes cum scholiis ex recensione Kusteri à Joan. Aug. Ernesto, gr., in-8. *Leipsick,* 1753.

Nubes, gr. et lat., in-8. *Glascow,* 1785.

Equites, gr., in-8. *Oxford,* 1593.

Ranæ gr., in-12. *Basle*, 1554.

Pax à Q. septimio Florente Christiano, gr. et lat., in-8. *Paris*, 1589.

Plutus à Carolo Girardo, gr. et lat., in-4. *Paris*, *Wechel*, 1549, et *Dupuys*, 1549. C'est une seule édition, quoique les deux frontispices paraissent indiquer une différence.

Plutus cum scholiis à Tiberio Hemsterhuisio, gr., in-8. *Harling*, 1744. Cette édition est faite avec une exactitude dont il n'y a pas d'exemple dans toutes les éditions grecques.

Plutus à Theoph. Christoph. Harles, gr., in-8. *Nuremberg*, 1776.

Plutus et nubes, gr. et lat., in-8. *Londres*, 1695, 1752.

Thesmophoriazusæ et Lysistrata, gr., in-8. *Florence*, *Junta*, 1515.

Thesmophoriazusæ ab Ægidio Bourdino, gr., in-4. *Paris*, *Tiletan*, 1545.

Irene à Q. Sept. Flor. Christiano, gr. et lat., in-8. *Paris*, *Prevosteau*, 1589.

CÉBES,

Disciple de Socrate, 400 ans avant J.-C.

Tabula Cebetis, gr. et lat., in-4. On la trouve dans la grammaire de Lascaris, *sans date*, sortie des presses d'*Alde Manuce*.

TABULA cum aliis opusculis BASILII, M. PLUTARCHI et XENOPHONTIS, gr., in-8., *sans date*. Maittaire qui rapporte cette édition, la croit sortie des presses de *Zacharie Calliergi*, célèbre imprimeur à *Venise* et à *Rome* à la fin du quinzième siècle et au commencement du seizième. Peut-être ces opuscules sont-ils joints à la grammaire de Grisolora.

TABULA, gr. et lat., in-4. *Louvain*, 1517.

Eadem, gr. et lat., in-8. *Bâle*, 1541.

Eadem, gr., in-8. *Paris, Martin jeune*, 1557.

Eadem à Theodoro Adameo, gr. et lat., in-4. *Paris*, 1562.

Eadem, gr., in-8. *Bresse, Fabius*, 1589.

Eadem à Joanne Caselio, gr., in-4. *Helmstadt*, 1594.

Eadem à Mich. Boschio, gr. et lat., in-8. *Strasbourg*, 1604.

Eadem à Geverharto Elmenhorstio, gr. et lat., in-4. *Leyde*, 1618.

Eadem, en grec, arabe et latin, par Jean Elichmann, in-4. *Leyde, Maire*, 1640. Elle contient encore les vers de Pythagore. Belle édition, avec le tableau bien gravé pour rendre sensible à la vue ce portrait de la vie de l'homme, que l'on fesait connaître aux enfans, pour leur former l'esprit et le cœur.

Eadem, gr. et lat., in-4. *Leyde*, 1640, avec le manuel d'Epictète.

(225)

Eadem, gr. et lat., in-12. *Hanau*, 1646.

Eadem à Daniele Clasen, gr. et lat., in-4, *Magdebourg*, 1652.

Eadem à Merico Casaubono, gr. et lat., in-8. *Londres*, 1659, avec Épictète.

Eadem ab Abrahamo Berkelio, gr. et lat., in-8. *Leyde*, 1670, et *Delft*, 1683, avec Épictète.

Eadem, gr. et lat., in-8. *Oxford*, 1680.

Eadem à Jo. Gronovio, gr. et lat., in-8. *Amsterdam*, 1689. Belle édition très-correcte.

Eadem à Joanne Schulze, gr. et lat., in-12. *Hambourg*, 1694.

Tabula Cebetis à Thomâ Johnson, gr. et lat., in-8. *Londres*, 1720.

Eadem à Jo. Casp. Schrodero, cum notis variorum, gr. et lat., in-8. *Delphis*, 1723, avec Épictète.

Eadem à Th. Nugent, grec et latin, in-8. *Londres*, 1745.

Eadem ex editione Gronovii, gr. et lat., in-12. *Glascow*, 1747. Belle édition, correcte.

THUCYDIDE,

Environ 400 ans avant J.-C.

Historia, gr., in-fol. *Venise*, *Aldus*, 1502. Première édition. L'an d'après Alde publia les scholies à la suite de l'histoire de Xénophon.

Eœdem cum scholiis ab Ant. Francino, gr., in-fol. *Florence, Junta*, 1526. L'auteur a fait une autre édition entièrement semblable à celle-ci; mais elle porte la date de 1556. Ce que je crois être par erreur, ne pouvant me persuader que les *Junta* aient publié cette année une édition de Thucydide.

Eœdem cum scholiis à Jo. Camerario, gr., in-fol. *Basle*, 1540. Excellente édition.

Eœdem cum scholiis, gr. et lat., in-fol. *Henri Etienne*, 1564. Belle édition.

Eœdem cum scholiis ab Henr. Stephano, gr. et lat., in-fol. *Paris, Henri Etienne*, 1588. Édition plus estimée que la précédente.

Eœdem ab Æmilio Porto, gr. et lat., in-fol. *Francfort*, 1599. Édition incorrecte. La première était imprimée en 1594.

Eœdem à Joan. Hudson, gr. et lat., in-fol. *Oxford*, 1696. Édition très-correcte.

Eœdem à Carolo Andreâ Duckero, gr. et lat., in-fol. *Amsterdam*, 1731. Très-bonne édition.

Eœdem, gr. et lat., in-12. *Glascow*, 1758, 1759, en 8 volumes. Édition que j'ai lue à différentes reprises, et que j'ai trouvée l'une des plus correctes de celles des classiques de *Glascow*. Les amateurs de la littérature grecque seraient bien satisfaits, s'ils avaient Diodore de

Sicile et les vies de Plutarque, de cette beauté et de cette correction.

Historiæ ex editione Duckeri, à F. C. Alter, gr., in-8. *Vindobonæ*, 1787, en 2 vol.

Historiæ liber primus et secundus, gr., in-4. *Paris, Wechel*, 1535.

LYSIAS,

Environ 400 ans avant J.-C.

Orationes à Jodoco Vanderheidio, gr. et lat., in-8. *Hanov.*, 1615.

Eædem à Jo. Burchardo Maio, gr. et lat., in-8. *Marpurgi*, 1685.

Orationes à Jo. Taylor, gr. et lat., in-4. *Londres, Bowyer*, 1759. C'est la meilleure édition.

Eædem ab eodem, gr. et lat., in-8. *Cantorbery*, 1740. Édition nette, correcte et devenue rare.

Eædem ab Athanasio Auger, gr. et lat., in-8. *Paris*, 1782, 2 vol.

Eædem ad codicem Vindobonensem expressæ, gr., in-8. *Vindobonæ*, 1787.

ESCHYLES,

Disciple de Socrate, environ 400 ans avant l'ère chrétienne.

Dialogi tres à J. Clerico, gr. et lat., in-8. *Amsterdam*, 1711. Les *silvæ philologicæ* de Leclerc, jointes à cette édition, sont d'un prix inestimable.

Dialogi à Petro Horreo, gr. et lat., in-8. *Leowordiæ*, 1718. Édition estimée.

Iidem à Jo. Frid. Fischero, gr., in-8. *Leipsick*, (1755), 1766.

ISOCRATE,

Environ 400 ans avant J.-C.

Opera omnia ab Hieronymo Wolfio, gr. et lat., in-fol. *Basileæ, Oporinus*, 1567, 2 vol., 1570, et in-8., 1571, 1579, 1582, 1587 et 1602.

Eadem ab Henr. Steph., gr. et lat., in-fol. *Paris, Henri Etienne*, 1593, et in-8., *Paul Etienne*, 1604.

Eadem, gr. et lat.; *Crispinus*, 1659, in-8.

Eadem à J. T. B. A., gr. et lat., in-8. *Paris*, 1621.

Eadem à Guillelmo Battie, gr. et lat., in-8. *Cantorbery*, 1729, premier volume, et *Londres*, sans date (mais en 1748), second volume. Je crois que cette édition, que j'ai lue très-attentivement, est la meilleure d'Isocrate.

Eadem ab eodem, gr. et lat., in-8. *Londres*, 1749, en 2 vol. On y trouve, à ce qu'on m'a dit, beaucoup d'additions et de suppressions.

Eadem ab Athanasio Auger, gr. et lat., in-8. *Paris, Didot*, 1782, 3 vol. Belle édition très-estimée.

ORATIONES à Demetrio Chalcondyla, gr., in-fol. *Milan, Henr. Germanus et Sebastianus ex Pontremulo*, 1493. Première édition.

ORATIONES cum aliis Alcidamentis, Gorgiæ et Aristidis, gr., in-fol. *Venise, Aldes*, 1513.

ORATIONES, gr., in-8. *Haguenau*, 1533.

Eædem, gr., in-fol. *Venise, Alde*, 1534.

Eædem, gr., in-8. *Francfort*, 1640.

Eædem, gr., in-8. *Venise, Farræus*, 1545.

Eædem, gr., in-8. *Venise, De Sabio*, 1549.

Eædem ab Hieronymo Wolfio, gr., in-8. *Bâle*, 1555, 1561, et *Paris*, 1621. Cette dernière édition est excellente.

Eædem, gr. et lat., in-8. *Londres*, 1615. Mauvaise édition.

Eædem, gr. et lat., in-8. *Cologne*, 1618.

Oraisons séparées d'Isocrate.

ORATIO AD NICOCLEM, gr., in-4. *Louvain*, 1522.

AREOPAGITICUS, gr., in-4. *Paris, Wechel*, 1558.

DE PACE et ARCHIDAMUS à Jo. Posselio, gr., in-4. *Rostoch*, 1582.

AD DEMONICUM, AD NICOCLEM et DE REGNO, gr., in-8. *Venise*, 1558.

AD DEMONICUM et AD NICOCLEM, gr., in-4. *Paris, Tiletan*, 1541. Édition rare et estimable.

Eadem, gr. et lat., in-4. *Strasbourg*, 1515.

Eadem, gr., in-8. *Venise, de Rabanis*, 1538. Édition qui renferme encore : *Aristidis Romæ encomium.*

Eadem, gr., in-8. *Venise*, 1567.

ORATIONES TRES à Guil. Diczio, gr. et lat., in-8. *Ulmæ*, 1678.

Eædem à Christ. Junckero, gr. et lat., in-8. *Leipsick*, 1744.

Eædem cum Theognidis sententiis, gr., in-8. *Leipsick*, 1776.

PANEGYRICUS à Sam. Frid. Nathan. Moro, gr., in-12. *Leipsick*, 1786.

ENCOMIUM EVAGORÆ à Christ. Godofredo Findesino, gr., in-8. *Leipsick*, 1777.

ENCOMIUM HELENÆ, gr. et lat., in-4. *Venise*, 1566.

EPISTOLÆ et alia aliorum à Car. Fr. Matthæi, gr., in-8. *Mosquæ, typis Universitatis Cæsareæ*, 1776.

TIMÉE DE LOCRE,

Philosophe pythagoricien, environ 400 ans avant J.-C.

DE MUNDI ANIMA ET NATURA à Lud. Nogarola, gr. et lat., in-8. *Venise*, 1555.

Le même par le marquis d'Argens, gr. et français, in-8. *Berlin*, 1763. Ce petit ouvrage fournit à Platon le sujet de son traité intitulé *le Timée*.

PLATON,

Disciple de Socrate, environ 56o ans avant Jésus-Christ.

OPERA, gr., in-fol. *Venise*, *Aldus*, 1513. Première édition de la plus grande rareté.

Eadem à Simone Grinæo, gr., in-fol. *Bâle*, *Valdens*, 1534, 4 vol.

Eadem à Marco Hoppero, gr., in-fol. *Bâle*, *Henricpetri*, 1556.

Eadem à Joanne Serrano, gr. et lat., in-fol. *Henri Etienne*, 1578, en trois volumes. Bonne édition. Il faut observer que souvent il y manque trois épîtres dédicatoires.

Eadem, gr. et lat., ex editione et versione Marsilii Ficini, in-fol. *Lyon* 1588, 1590, et *Francfort*, 1602. Quoique la seconde de ces éditions soit en petits caractères, elle est plus correcte que la première. Celle de 1602 vaut le mieux des trois.

Œuvres de Platon imprimées à part.

DE LEGIBUS, gr., in-4. *Louvain, Rescius*, 1531. Bonne édition.

Timæus, gr., in-4. *Paris, Wechel*, 1532.

Idem, gr. et lat., in-4. *Paris, Morel*, 1563, et *Benenatus*, 1579.

Dialogus de morte, gr. et lat., in-4. *Cologne*, 1568.

Convivium, gr., in-4. *Paris, Wechel*, 1543. Belle édition.

Axiocus ab Hermanno Ragano, gr. et lat., in-4. *Cologne*, 1568.

Epistolæ, gr., in-4. *Paris, Wechel*, 1548.

Eædem, gr. et lat., in-4. *Paris*, 1544.

Eædem à Jacobo Bemrero, gr. et lat., in-4. *Bâle*, 1586.

De republica ab Edmundo Masseio, gr. et lat., in-8. *Cantorbery*, 1713, 2 vol. Bonne édition.

De eâdem, liber primus, gr., in-4. *Paris, Morel*, 1587.

Politicus, gr., in-4. *Paris, Wechel*, 1548.

De rebus divinis dialogi selecti, gr. et lat., in-8. *Cantorbery*, 1675.

Dialogi quinque, scilicet amatores, Eutryphro, Apologia Socratis, Criton et Phædo, à Nathaneele Forstero, gr. et lat., in-8. *Oxford*, 1745, 1752. La première de ces éditions est très-soignée. La seconde a dû être faite par quelqu'un qui n'entendait pas le grec, si on en juge par les fautes qui sont très-faciles à appercevoir. Une troisième édition d'*Oxford* parut en 1765.

Dialogi quatuor, scilicet Cathyphro, apologia Socratis, Crito et Phædo, à Joan. Frid. Fischero, gr., in-8. *Leipsick*, 1770.

Dialogi tres, scilicet sophista, Politicus et Parmenides, à Joan. Frid. Fischero, gr., in-8. *Leipsick*, 1774.

Dialogi duo, scilicet cratylus et theætatus, à Joanne Frid. Fischero, gr., in-8. *Ibid*, 1770.

Dialogi duo, scilicet philebus et symposium à Joanne Friderico Fischero, gr., in-8., *Ibid.*, 1776.

Meno, Crito et Alcibiades uterque à Joan. E. Biester, gr. in-8., *Berlin*, 1780.

Phædrus, gr., in-4. *Paris*, *Morel*, 1581.

Parmenides, à Guil. Thompson, gr. et lat., in-8. *Oxford*, 1728.

Criton, gr., in-4, *Louvain*, *Rescius*, 1529.

Phædon ou de l'immortalité de l'ame, par Jean-Henri Winkler, gr. et lat. in-8., *Leipsick*, 1744.

Apologia Socratis, gr. in-4. *Louvain*, 1529.

La même cum scholiis ab Erasmo Rudingero, gr. et lat., in-8. *Nuremberg*, 1591.

Menexenus et pericilis oratio funebris ex Thucydide à J. Christ Gottleber, gr., in-8. *Leipsick*, 1782.

Io seu de furore poetarum, à Marco-Guil. Mullero, gr. et lat., *Hambourg*, 1782, in-8.

XENOPHON,

Environ 566 avant J.-C.

OPERA EJUS, gr., in-fol. *Venise*, *Aldus*, 1505. Première édition.

Eadem, gr., in-fol. *Florence*, 1516.

Eadem à Fr. Asulano, gr., in-fol. *Venise*, *Aldus*, 1525.

Eadem, gr., in-fol. *Florence*, *Junta*, 1527.

Eadem, in-8. *Halæ*, *Suev*, 1540, 3 vol. édition rare.

Eadem à Sebastiano Castalione, gr., in-8. *Bâle*, *Isingrinius*, 1540, en deux volumes.

Cette édition de Sebastien Castaleon, professeur de langue grecque à Bâle, est excellente et très-correcte. Je ne dis cela que sur ouï dire, ne l'ayant pas examinée. Elle est d'ailleurs célèbre par sa rareté.

Eadem, gr. et lat., in-fol. *Bâle*, 1545.

Eadem ab Henrico Stephano, gr., in-fol. *Henri Étienne*, 1561.

C'est ici une des plus belles et des plus exactes éditions de cet imprimeur célèbre.

Eadem à Jo. Brodœo, gr. et lat., in-fol. *Bâle*, 1555.

Eadem à Jo. Leunclavio, gr. et lat., in-fol. *Bâle*, 1569, 1572, 1577.

Eadem ab Henrico Stephano, gr. et lat., in-fol. *Paris, Henri Etienne*, 1581.

Eadem à J. Leunclavio, gr. et lat., in-fol. *Francfort, Marnius et Aubrius*, 1596, et *Paris, Antoine Etienne*, 1625.

Jean-Albert Fabricius observe que l'édition de 1625 n'est qu'une réimpression de celle de 1596 et que l'édition de Paris, qui surpasse en beauté celle de Francfort, est beaucoup au dessous pour la correction.

Eadem ab Eduardo Wells, gr. et lat., in-8. *Oxford*, 1703, en 2 vol.

Eadem à Carolo Aug. Thieme, cum præfatione J. Aug. Ernesti, gr. et lat., in-8. *Leipsick*, 1703, en 4 vol.

Ce n'est ici que la copie de l'édition précédente d'Oxford, exécutée sur mauvais papier. Il y en a cependant quelques exemplaires sur bon papier, l'édition au reste est assez correcte.

Traités de Xénophon imprimés séparément.

Historia Græca, en grec, in-4. *Louvain, chez Rescius*, 1529.

Eadem et Agesilaus, ex recensione Eduardi Wells, gr. et lat., in-8. *Glascow, Foulis*, 1762, 4 vol.

Eadem à Sam. Frid. Nath. Morp, gr. et lat., in-8. *Leipsick*, 1778.

Cyropædia, gr., in-4. *Eton.* 1613.

Eadem, gr., in-8. *Oxford, du Théatre scheld.* 1727.

Eadem à Thomâ Hutchinson, gr., in-8. *Oxford, du Théatre Scheldonien*, 1772.

Cyropædia, gr. et lat., ex versione J. Leunclavii, in-8. *Londres*, 1660, 1674, 1698, (1715), 1720, 1729.

Eadem à Thomâ Hutchinson, gr. et lat., in-4. *Oxford*, 1727.

Eadem ab eodem, gr. et lat., in-8. *Londres*, 1750, 1755, (1756) 1747, (1775 et à *Glascow chez Foulis*, 1767, 4 vol.).

Expeditio Cyri à Thomâ Hutchinson, gr., in-8. *Oxford*, 1772. Mauvaise édition.

Eadem ab eodem, gr. et lat., in-4. *Oxford*, 1755.

Cette édition et une autre de l'institution de Cyrus de 1727, in-4. sont faites avec goût et discernement. Je ne peux m'empêcher de témoigner le désir que j'ai de voir paraître dans les presses d'Oxford, les autres œuvres de Xenophon que le célèbre Hutchinson, dont nous déplorons la perte, a laissées prêtes à aller à l'impression.

Eadem ab eodem, gr. et lat., in-8. *Oxford*,

1745. Edition rare. (Et *ibidem*, in-8., 1772.

Eadem ex editione ejusdem, gr. et lat., in-12. *Glascow*, 1762, 4 vol. Belle édition.

Expeditio Cyri, ex editione ejusdem, gr., in-8. *Leipsick*, 1774.

Eadem ab eodem, cum libello de Republicâ Lacedemoniorum, gr., in-8. *Leipsick*, 1775.

Eadem ex editione ejusdem, gr. et lat., in-8. *Cantorbery*, 1777.

Eadem à Jo. Carolo Zeunio, gr., in-8. *Leipsick*, 1780.

Eadem, lib. I, II et VIII, græcè, in-8. *Leyde*, *Elzévir*, 1627.

Memorabilia Socratis à Joh. Aug. Ernesto cum animadversionibus Dav. Ruhnkenii et Lud. Casp. Valckenarii, gr., in-8. *Leipsick*, 1772.

Quelques exemplaires de cette édition portent la date de *Leyde*, 1772.

La première édition grecque d'Ernest à Leipsick est de 1758, in-8.

Eadem, gr. et lat., ex interpretatione cardinalis Bessarionis, in-4. *Paris*, *Bogard*, 1542.

Eadem à Boltone Simpson, gr. et lat., in-8. *Oxford*, 1741, 1749. La première édition est la plus correcte.

Eadem cum notis variorum ab eodem, gr. et lat., in-8. *Oxford*, 1772.

Eadem à Frid. Andreâ Stroth, gr. in-8. *A Gotha*, 1780.

Apologia Socratis et Memorabilia à Jo. Gillman, gr. et lat., in-8. *Londres*, *Bowyer*, 1720.

Eadem, gr., cum versione latinâ interlineari, in-8. *Paris*, 1662.

Opuscula, à Boltone Simpson, gr. et lat., in-8. *Oxford*, 1754.

Opuscula politica equestria et venatica, à Jo. Carolo Zeunio, græcè, in-8. *Leipsick*, 1778.

Hiero, græcè, in-4. *Paris*, *Wechel*, 1547.

Hiero, sive de Regno, à Jo. Leunclavio, gr. et lat., in-8. *Glascow*, *Foulis*, 1745.

Œconomicus, gr. et lat., in-8. *Oxford*, 1750.

Selecta quædam, gr., in-8. *Rome*, 1588.

Œconomicus, Apologia Socratis, Symposium, Hiero, Agesilaus, à Jo. Aug. Bachio, gr., in-8. *Leipsick*, 1749. Cette édition a une table excellente.

Agesilaus à Th. Hutchinson, gr. et lat., in-4. *Oxford*, 1755.

CHIO PLATONICUS,

Contemporain de Xenophon, environ 360 ans avant J.-C.

Epistolæ à Joanne Trophilo Cobero, en grec, in-8. *Dresde* et *Leipsick*, 1765. On les trouve aussi dans les *Epistolæ veterum scriptorum*, in-4., en grec. *Venise*, *Alde*, 1499, en 2 volumes, et à Cologne, gr. et lat., 1606, in-fol.

DEMOSTHÈNE,

Prince des Orateurs grecs, environ 540 ans avant J.-C.

Orationes, græcè, in-fol. *Venise*, *Alde*, 1504. Première édition.

Les Aldes ont publié cette année-là deux éditions de Demosthène; dans l'une à côté de l'ancre on voit le mot *Aldus*, et de l'autre côté, *Ma. Ro.* L'autre édition ne porte que le mot AL...DUS, coupé en deux par l'ancre qui le sépare.

Eædem, gr., in-fol. *Basle*, 1552. Cette excellente édition contient encore les commentaires d'Ulpian, correctement imprimés.

Eædem à Joanne Bernardo Feliciano, gr., in-8. *Venise*, *Brucioli*, 1543, en 5 volumes. Édition très-rare.

Orationes, gr., in-8. *Basle*, *Hervagius*, 1547, 5 vol.

Eædem cum Eschyne, ab Hier. Wolfio, gr. et lat., in-fol. *Bâle*, 1549, 1572. La seconde édition est moins belle que la première.

Eædem, græcè, in-8. *Basle*, 1550, 3 vol.

Apologia Socratis et Memorabilia à Jo. Gillman, gr. et lat., in-8. *Londres*, *Bowyer*, 1720.

Eadem, gr., cum versione latinâ interlineari, in-8. *Paris*, 1662.

Opuscula, à Boltone Simpson, gr. et lat., in-8. *Oxford*, 1754.

Opuscula politica equestria et venatica, à Jo. Carolo Zeunio, graecè, in-8. *Leipsick*, 1778.

Hiero, graecè, in-4. *Paris*, *Wechel*, 1547.

Hiero, sive de Regno, à Jo. Leunclavio, gr. et lat., in-8. *Glascow*, *Foulis*, 1745.

Œconomicus, gr. et lat., in-8. *Oxford*, 1750.

Selecta quædam, gr., in-8. *Rome*, 1588.

Œconomicus, Apologia Socratis, Symposium, Hiero, Agesilaus, à Jo. Aug. Bachio, gr., in-8. *Leipsick*, 1749. Cette édition a une table excellente.

Agesilaus à Th. Hutchinson, gr. et lat., in-4. *Oxford*, 1755.

CHIO PLATONICUS,

Contemporain de Xenophon, environ 360 ans avant J.-C.

Epistolæ à Joanne Trophilo Cobero, en grec, in-8. *Dresde* et *Leipsick*, 1765. On les trouve aussi dans les *Epistolæ veterum scriptorum*, in-4., en grec. *Venise, Alde*, 1499, en 2 volumes, et à Cologne, gr. et lat., 1606, in-fol.

DÉMOSTHÈNE,

Prince des Orateurs grecs, environ 540 ans avant J.-C.

ORATIONES, græcè, in-fol. *Venise, Alde*, 1504. Première édition.

Les Aldes ont publié cette année-là deux éditions de Démosthène; dans l'une, à côté de l'ancre on voit le mot *Aldus*, et de l'autre côté, *Ma. Ro.* L'autre édition ne porte que le mot AL...DUS, coupé en deux par l'ancre qui le sépare.

Eædem, gr., in-fol. *Basle*, 1532. Cette excellente édition contient encore les commentaires d'Ulpian, correctement imprimés.

Eædem à Joanne Bernardo Feliciano, gr., in-8. *Venise, Brucioli*, 1543, en 5 volumes. Édition très-rare.

ORATIONES, gr., in-8. *Basle, Hervagius*, 1547, 5 vol.

Eædem cum ESCHYNE, ab Hier. Wolfio, gr. et lat., in-fol. *Bâle*, 1549, 1572. La seconde édition est moins belle que la première.

Eædem, græcè, in-8. *Basle*, 1550, 3 vol.

Eædem, gr., in-8. *Venise*, P. Manuce, 1554, 5 volumes. Le caractère n'en est pas agréable.

Eædem à Dionysio Lambino et Guillelmo Morellio, græcè, in-folio. *Paris*, 1570. Belle édition et correcte.

Eædem cum Eschyne, gr. et lat., in-folio. *Francfort*, 1604. Excellente édition.

Eædem à Joan. Taylor, gr. et lat., in-4. *Cantorbery*. (Le premier tome n'a jamais été imprimé.) Le second porte la date de 1747, et le troisième celle de 1748. Il faut croire que le public n'a pas encouragé Taylor à publier son premier volume, car il ne manquait pas de gens assez habiles pour son exécution.

Eædem, cum commentis variis, à Jo. Jac. Reiske, græcè, in-8. *Leipsick*, 1770, 2 vol. Reiske étant mort avant de finir son édition des orateurs grecs, entreprise après ces deux volumes de Démosthène, sa veuve, instruite dans la littérature grecque, a travaillé à la compléter. Il y en a déjà douze volumes, dont les deux derniers contiennent des commentaires et des notes sur Démosthène, et on peut dire que c'est là la meilleure édition publiée de cet auteur.

Oraisons de Démosthène publiées à part.

ORATIONES NONNULLÆ, gr., in-8. *Strasbourg.*
Eædem, gr., in-4. *Oxford, Barnes*, 1597.
ORATIO IN MIDIAM, gr., in-4. *Louvain*, 1525.
Eadem, gr., in-4. *Londres*, 1586.
Eadem cum oratione LYCURGI contrà Leocratem, à Jo. Taylor, græcè et latinè, in-8. *Cantorbery*, 1743. Excellente édition. Taylor en publia une autre de l'oraison de Lycurgue contre Léocrate, avec des notes et des dissertations, en 1753.
ORATIONES OLYNTHIACÆ, à Jo. Chœradamo, gr., in-4. *Paris, Gourmont*, 1528. Édition rare et qui est précieuse.
ORATIONES QUATUOR CONTRA PHILIPPUM et ALIA, gr., in-4. *Paris*, 1551.
ORATIONES QUINQUE, gr., in-4. *Paris, Wechel*, 1532.
ORATIONES PHILIPPICÆ, gr., in-4. *Paris, Bayard*, 1546. Édition correcte.
Eædem, gr., in-8. *Glascow*, 1750.
Eædem à Josepho Stock, gr. et lat., in-8. *Dublin*, 1774, 2 vol.
ORATIONES CONTRA ANDROTIONEM, gr., in-4. *Paris, Benenatus*, 1570. Édition rare.

ORATIONES TREDECIM DE REPUBLICA à Joanne Vincentio Luchesinio, gr. et lat., in-4. *Rome*, 1712. Édition estimable, ornée de remarques excellentes.

Eadem à Guill. Allen, gr. et lat., in-8. *Londres*, 1755, 2 vol.

ORATIO DE REPUBLICA ORDINANDA, gr., in-4. *Paris, Libert*, 1628.

SELECTÆ ORATIONES à Rich. Mountencio, gr. et lat., in-8. *Cantorbery*, 1731. *Londres*, 1748. *Etonæ*, 1755, et *Londres* et *Etone*, 1764, 1771.

LEGATIO ab Henrico Brocke, gr. et lat., in-8. *Oxford*, 1721. J'ai lu cette édition et je l'ai trouvée correcte et bien exécutée. Elle renferme aussi l'oraison d'Eschines.

ORATIO DE CORONA, gr., in-4. *Paris, Morel*, 1618.

Eadem, gr., in-4. *Paris, Libert*, 1630.

Eadem, à P. Foulkes et J. Freind, gr. et lat., in-8. *Oxford*, 1696. Édition correcte. Celles qui vinrent après sont remplies de fautes.

Eadem à Theoph. Christoph. Harles, gr. et lat., in-8. *Altembourg*, 1769.

Eadem cum notis variorum à Jo. Taylor, in-8. *Cantorbery*, 1769, 2 vol. Bonne édition, à laquelle on a joint Eschines.

Eadem à Josepho Stock, gr. et lat., in-8. *Dublin*, 1769, 2 vol. Belle édition.

Eadem, gr. et lat., in-8. *Glascow, Foulis*, 1782.

SENTENTIÆ, gr. et lat., in-12. *Detournes*, 1603.

Nous continuerons ces notices, par intervalles; en attendant, je crois que mes lecteurs seront bien aises de connaître quelques erreurs essentielles que j'ai eu occasion d'appercevoir dans des catalogues, où l'on doit d'autant moins s'attendre à en trouver, que, de l'aveu des bibliographes les mieux instruits, ce sont les meilleurs qui existent jusques à présent.

Commençons par celui de Debure en 7 vol. in-8.

CINQUIÈME SECTION.

ERREURS DE DIVERS SYSTÊMES BIBLIOGRAPHIQUES.

§. Ier.

Erreurs que j'ai reconnues dans le Système bibliographique de Debure.

THÉOLOGIE. *Première section.* Au titre des *Bibles grecques et latines*, Debure a omis le livre suivant, cité par *Fabricius*, dans sa bibliothèque grecque, liv. 5, pag. 527 :

Vetus testamentum græcum ex versione septuaginta interpretum juxtâ exemplar Vaticanum Romæ editum. *Amstelodami, Vid. Joan. à Somerer*, 1685, in-8., 2 vol.

Debure cite, au n°. 20 de sa bibliographie, le *nouveau testament grec* de Robert Etienne, en 2 vol. in-16., édition de 1546; et il dit que cette édition doit porter au bas de la préface, première page, le mot *pulres* au lieu de *plures*. La même faute se trouve dans ce cours, par erreur de typographie. La vérité est que l'édition dans laquelle se trouve cette faute, est de 1549.

Le n°. 88 de Debure cite une édition du *Codex pseud'graphus* de Fabricius, de l'année 1713 et 1725, en 2 vol. in-8. Celle des années 1722 et 1741 du même format, qu'il ne cite pas, lui est bien préférable. C'est celle que la bibliothèque de Marseille possède.

Le *Protevangelia* de Postel, que j'ai vu dans la bibliothèque de l'Abbé Rive et qui y est cité sous le n°. 15, n'a pas été connu à Debure, qui avoue n'en avoir vu à Paris aucun exemplaire. Il l'a placé parmi les livres des erreurs, quoique sa véritable place soit parmi les évangiles apocryphes.

Au n°. 132 de Debure, est cité PAULI DE

SANCTA MARIA (*Burgensis*) *scrutinium scripturarum. Moguntiæ, Schoeffer*, 1478. L'édition préférée est celle de Rome, *per Udalricum Gallum* (*ab anno* 1469 *ad* 1471). Voyez le catalogue de l'Abbé Rive, n°. 28. Il faut en dire autant de l'édition de *Pierre Galatinus*, citée par Debure, n°. 153, et de celle de l'Abbé Rive, n°. 29, laquelle est de Basle en 1550, in-folio.

Au n°. 255, Debure cite le *Defensio tridentinæ fidei catholicæ* de *Diegny Payva-Dandrada*, édition de Lisbonne 1578. Il n'a pas su que l'édition d'Ingolstad de 1580 est préférable, parce qu'on y a ajouté un index et des sommaires.

Dans les œuvres de *Lactance*, Debure ne cite pas l'édition de Paris, chez *Delespine*, in-8., 1712. Voyez sa bibliographie, depuis 291 jusqu'à 295.

Debure n'a pas cité l'édition des *Provinciales*, qui parut en 1666, chez les *Elzevirs*, sous le nom de *Schoute* et de *Cologne*. Il ne faut pas la confondre avec celle de 1669.

Hugo Grotius de veritate religionis christianæ, editio nova. *Parisiis, Cramoisy*, 1640, in-12.

Debure ne cite que l'édition de Leyde, en 1622, in-12., et la traduction française de 1728, à *Amsterdam*, in-12.

Prediche di Bernardino Ocnino di Siena, 1542, in-8.

Debure ne cite que l'édition de Bâle, en 5 vol. in-8. 1562. Voyez son n°. 761.

SIENCES ET ARTS, *Section seconde*, Physique.

Debure cite, au n°. 1425, HIERONYMI CARDANI de subtilitate libri XXI. *Nurembergæ*, *Petreius*, 1550, in-fol.

Il ajoute : édition rare, on donne la préférence, à son défaut, à celle de Bâle en 1553, de même format.

Il fallait dire que l'édition de Bâle est de 1554.

Debure n'a pas connu l'édition de Pline à *Parme*, par *Corallius*, en 1476, in-fol., ni celle de *Trévise* en 1479, quoique rares l'une et l'autre.

Il ne cite pas non plus les *Castigationes Hermolai in Plinium*, de *Milan*, 1495, in-fol.

Debure cite l'original de Peres de Vergas, n°. 1487 ; mais il ne parle pas de sa traduction à *Paris* chez *Prault*, en 1748, in-12.

Le même auteur n'a cité que la traduction de l'ouvrage de *Boot*, *de gemmis et lapidibus*, sous son n°. 1516 ; mais cet ouvrage, écrit en latin par l'auteur, a pour titre : gemmarum et lapidum quam olim edidit Anselmus Boetius de Boot, posteà Adrianus Tollius recensuit, tertia editio. *Lugduni Batavorum*, *Maire*, 1647, in-8.

Il a été vendu 25 fr. à la vente des livres de l'Abbé Rive, en maroquin rouge, tranches dorées et filets.

Dialogo del flusso e reflusso della mare d'Alseforo Talascapio. *Lucca*, 1561, in-4.

Livre inconnu à Debure. L'auteur est un pseudonyme, son nom est *Girolamo Borro d'Arrezzo*. *Girolamo Ghirlanda* n'en est que l'éditeur. Cette édition est la première. Voyez le catalogue de Falconnet, n°. 5285, où on cite une édition de 1577 à Florence avec le nom de Girolamo Borro.

Prosperi Alpini de plantis Ægypti liber. *Venetiis*, 1592, in-4.

Debure, n°. 1670, cite une édition de Pavie de 1640; il ne parle pas de celle de Venise. Il a pareillement ignoré l'*editio princeps* du livre d'Adrien Turnèbe *de vino* à *Paris* chez *Morel*, en 1600, in-8. Il ne cite que celle jointe au traité de Meibonius à *Helmstadt*, en 1668, in-4.

La fauconnerie de Jean de Franchières, avec un recueil des oiseaux de proie à la fin du livre. *Paris, le Mangnier*, 1585, in-4. fig.

Cette édition belle et rare est citée au n°. 955 du catalogue de l'Abbé Rive, et elle est copiée mot à mot sur l'exemplaire que j'ai eu sous les yeux. Debure, au n°. 2178, la décrit ainsi qu'il suit :

La venerie de Jacques de Fouilloux avec la Fauconnerie de Jean de Franchières. *Paris, Mangnier*, 1585, in-4.

Grammaires.

Debure, au n.° 2258, cite deux éditions du *Prisciani Caesariensis opera* de 1476; l'une chez *Marcus de Comitibus*, l'autre par Jean de Colonia et Jean *Manthen de Gherretzem*. Il ne dit pas le mot de l'édition des Aldes, imprimée à Venise en 1527, in-8. en grand format.

N°. 2281 : Stephani DOLETI commentariorum linguae latinae, volumina duo. *Lugduni, Gryphius*, 1536 et 1558, 2 vol. in-fol.

Debure cite cette édition comme la meilleure; l'Abbé Rive préférait la suivante :

Phrases et formulae linguae latinae elegantiores Stephano DOLETO auctore. *Argentorati, Richelius*, 1576, in-8.

Debure, n°. 2542, cite une édition de Lysias à Londres, en 1739; son ouvrage étant de 1765, il n'a pu citer celle de 1783, à Paris chez Didot.

Dans le catalogue de Rive elle est sous le numéro 1070, sous ce titre :

Lysiae opera omnia, edente ATHANASIO AUGER. *Parisiis, Didot*, 1783, 2 vol. in-8. ou 1 in-4.

Il y a également l'Isocrate d'Auger, publié en 1782, in-4. grand papier, chez *Didot* ou en trois vol. in-8.

Debure en imprima la traduction française en 1781, en 3 vol. in-8.

Le n°. 1200 du catalogue de Rive cite l'ouvrage suivant :

Opere scelte di FERRANTE PALLAVICINO, colla vita dell'autore. *Villafranca*, 1673, in-12, 2 vol.

Debure ne cite de cet auteur que la *Puttana errante* sous le n°. 5954; encore le titre sous lequel il l'annonce, est-il fautif.

AULI GELLII noctes atticae cum notis Gronovii. *Lugd. Bat. Devivié*, 1687, in-8.

Debure ne fait pas mention de cette édition citée au n°. 1226 du catalogue de Rive et dont cet abbé fesait beaucoup de cas.

Les œuvres d'*Olympia Fulvia Morata*, citées par Debure au n°. 4058 sont de Bâle en 1562. Il ne dit rien de l'édition de 1570, in-8. plus rare et plus recherchée. On y trouve les fameuses lettres de *Cœlius secundus curio*, auteur du *Pasquillorum*. Voyez le catalogue de Rive, n°. 1260.

Debure fait mention du *Monarchia solipsorum* au n°. 1010, mais il ne dit pas que cette pièce est aujourd'hui presque introuvable.

La traduction suivante est préférée à l'édition de 1721 citée par Debure.

La Monarchie des Solipses de Melchior Inchofer. *Amsterdam, Ugtwers*, 1755, in-12. *Catalogue de Rive*, n°. 1469.

Rive, n°. 1505. HERODOTI Libri novem, gr. *Venetiis, Aldus*, 1502, in fol. Édition précieuse, inconnue à Debure.

Le même Debure ne fait pas mention de l'édition suivante qui est de toute beauté :

M. Annæi Lucani Pharsalia. *Londini, Tonson*, 1719, in-8.

Dell'istoria di Mantova libri cinque di MARIO EQUICOLA d'Alveto. *Mantova, Janna*, 1607, in-4.

Debure se trompe, lorsqu'il avance que la seule bonne édition de cet ouvrage est celle de 1521 (V. son n°. 5098). Haym estime autant celle-ci et l'Abbé Rive la préférait, parce qu'elle a été revue par Osanna.

Francisi Hotomani J. Celeberrimi Franco-Gallia. Editio secunda. *Coloniæ, Bertulphus*, 1574, in-12.

Idem opus *Francofurti, Wechelius*, 1586, in-8. C'est ici la quatrième édition augmentée de six chapitres.

Il faut avoir l'une et l'autre, parce que dans

la dernière on a retranché des choses qui se trouvent dans celle de 1574.

Parmi les livres rares qui n'ont pas été cités par Debure, je dois placer les suivans :

Principes sur le gouvernement monarchique. *Londres, Nourse*, 1755, in-12.

Jornandes Episcopus Ravennas de Getharum sive Gothorum origine et rebus gestis. *Lugd. Bat. Plantin*, 1597, in-8.

Ce dernier est excessivement rare. On en a une version française donnée à Paris, in-12, en 1703. Elle est de Drouet de Maupertuis.

Joannis Schildii de Caucis, veteri Germaniæ populo, libri duo. *Lugd. Bat., Hackius*, 1649. *Editio princeps perrara*. Inconnue à Debure.

Relatio del origen y successo de los Xarifes y del estado de los Reinos de Marruescos, Fez, etc. *Sevilla, Peres*, 1585, in-4.

Livre rare dont l'auteur est Dom Diego de Torrès. Charles de Valois, duc d'Angoulême, l'a traduit en français. Debure ne le cite pas.

G. H. Nieupoort rituum qui olim apud Romanos obtinuerunt succincta explicatio. *Trajecti Batavorum*, 1712, in-8.

Debure cite cette édition sous le n°. 5764. Celle que j'ai vue chez Rive était de 1716, à Utrecht, chez Broedelat, du même format in-8.

Debure ne cite pas la belle édition de Fontanini, intitulée : Vindiciæ antiquorum diplomatum, etc. *Romæ, Gonzaga*, 1705, in-4.

Gasparis Barthi Erotodidascalus, sivé memorabilium libri V. cum figuris æneis. *Hanoviæ, Wechel*, 1625, in-8.

Ce livre rare, omis par Debure et par Osmont, est une version latine et libre de la *Diana inamorada* de Gil. Polo, qu'on regarde comme un chef-d'œuvre en son genre.

Nous ne finirions pas si nous voulions citer tous les livres que Debure a omis, et nous serions encore plus longs, si nous fesions connaître ceux qu'il cite et qui ne sont ni rares, ni curieux. Il nous suffit de rappeler à nos lecteurs que, pour faire un bon catalogue, il faut plus que de la science d'un libraire; il faut connaître à fond les ouvrages, leurs différentes éditions, le jugement qu'en ont porté les savans, et alors on peut se flatter de ne pas errer dans ce qu'on en dira. Mais il faut mettre de côté tout sentiment étranger à la gloire de l'art et au bien du public éclairé. Celui qui se laisse guider par l'intérêt, ne fera jamais un bon ouvrage dans ce genre.

§. II.

Erreurs glissées dans le Catalogue de la Vallière, en 5 volumes in-8.

Au tome I, pag. 49, n°. 171.

Biblia sacra cum postillis Nicolai de Lyra., 4 vol., in-fol. m. r. (et en note) creditur anni, 1481.

L'Abbé Rive la croyait de Gruninger. Elle est au moins de 1482, puisque Budé en acquit, cette année-là, un exemplaire que les Célestins de Ste.-Marie d'Amberto, près d'Orléans, ont vendue à Mérigot le jeune.

Au n°. suivant : Dialogus qui vocatur scrutinium scripturarum, etc. *Romæ, Udalricus Gallus*, 1470, in-fol.

L'ouvrage est in-4. J'en ai vérifié les pontuseaux sur l'exemplaire qui était chez Chauffard de la bibliothèque de l'Abbé Rive.

Le n°. 175 porte une édition du même livre sans date. C'est la même que celle du n°. 174. C.-à-d., celle de *Mayence* chez *Schoiffer*, en 1478, in-fol.

Voyez sur cela *la Chasse aux Bibliographes* de l'Abbé Rive, n°. 17.

N°. 297 Preces piæ absque calendario, in-8. Ce manuscrit, qui appartenait à Nicolas Rollin, est attribué à son quatrième fils, Guillaume, par

Vanpraët. On lit sur une des feuilles *Pre Icalle seur Ysabel de Leuys*. Comme ce Guillaume épousa Marie de Leuys, sœur d'Isabelle, Vanpraët en a conclu que ces mots sont adressés à Guillaume.

Quand cela serait, s'ensuit-il que ces heures aient été faites par son ordre? Ne peut-il pas les avoir reçues en don, de son père? Et sa belle-sœur y avoir écrit ces mots, longtems après qu'elles eurent été faites? D'ailleurs, ces mots ne s'adressent-ils pas plutôt à sa femme, sœur d'Isabelle, qu'à lui-même?

On dit ce manuscrit in-8.; il est in-4. L'auteur de la bibliographie l'assure, pag. 57 de son premier volume, n°. 198. Mais il a tort de dire qu'il est du seizième siècle.

Ce manuscrit fut vendu chez M. de Guignes; 130 fr. à Debure le jeune, pour le duc de la Vallière. A la vente de ce dernier il a été vendu 550 fr.

J'observerai que le n°. 543 présente une édition de la bulle des rétractations de Pie II, imprimée à Cologne par Zel de Hanau, in-4. qui fut vendue 410 fr. L'Abbé Rive ne la paya que 6 fr., suivant ce qu'il nous dit dans sa Chasse aux Bibliographes, pag. 45 et suivantes.

Le n°. 568 porte : sentences et instructions

chrétiennes, tirées des anciens PP. de l'église, en latin et en français, 1760, 2 vol.

Qui peut faire entrer dans une bibliothèque choisie, un livre aussi commun?

Au n°. 578 on cite : Origenis adamantii opera ex recensione Jacobi Merlini. *Parisiis, J. Parres et Jacobus Badius Ascensius*, 1512, 4 vol. in-fol.

On ne dit pas qu'il n'y en a eu que trois exemplaires, et que cette édition contient des singularités qui la font rechercher.

Le n°. 475 présente une édition première et très-rare du Beati Augustini liber de vitâ christianâ.

On ne nous dit pas que cet ouvrage est de Fastidius Anglais, évêque, et non pas de St.-Augustin.

Le n°. suivant cite une édition du même ouvrage, que l'on dit être de Mayence, vers 1470, in-4. Il fallait dire 1458 ou 1459.

M. de la Serna Santander a copié cette faute et a cité le catalogue de la Vallière.

Le n°. 489 dit que l'édition des *Collationes Sanctorum* de Jean Cassien, à Bâle, en 1485, est la première. Il devait ajouter : avec date; car on en connaît une sans date de Bruxelles, qu'on croit de l'an 1474 environ.

Le catalogue de la Vallière, imprimé en

1783, à Paris, en 3 vol. in-8., chez Guillaume Debure, fils aîné, ne devait contenir que les manuscrits, les premières éditions, les livres rares et précieux de la bibliothèque de M. de la Vallière. Mais, ou trouve dans les six volumes suivans une grande quantité d'ouvrages précieux, omis dans les trois premiers ; et ce qui est plus étonnant, au nombre des livres rares, on a laissé glisser les noms de plusieurs ouvrages très-communs et d'une modique valeur.

Nous avons cru devoir faire connaître les ouvrages omis par Debure et qui méritaient de trouver une place parmi les livres rares, et nous indiquons également certains livres qui ne peuvent figurer au nombre des ouvrages précieux.

(Tome 1, pages 80 et 81, n°. 257). *Heures imprimées par ordre de M. de Noailles*, in-8. Ce livre n'a d'autre mérite que d'être relié à compartimens, et d'être lavé et réglé. Le prix de 24 fr., auquel il fut porté à la vente, dépendait de sa couverture et non de la rareté de l'ouvrage.

(N°s. 258 à 262). *Missel de Paris, Semaine sainte, Année chrétienne de Letourneux, Année du chrétien de Griffet.* Enlevez à ces livres leurs couvertures de maroquin violet ou rouge, vous en trouverez chez tous les libraires, à des prix très-bas.

(Page 517, n₀. 1785). *Mutus liber*, etc. Ce livre, que l'on vendit 9 fr. à la vente de la Vallière, était si peu précieux, qu'en 1773 il avait été cédé à la vente de Villars, faite par Gogué, à 3 fr. Voyez son catalogue, p. 84, n°. 1179. On ne pouvait pas ignorer, dix ans après, que, dans la même vente, environ douze exemplaires et les cuivres de cet ouvrage furent vendus ensemble 56 fr. Personne n'ignore que ce qui a fait tomber la valeur du *Mutus liber* est l'achat que Manget a fait des cuivres, et la réimpression de l'ouvrage qu'il a inséré dans son *Bibliotheca chimica*.

(Page 539, n°. 1859). L'Abbé Rive nous apprend qu'il avait acquis, pour la bibliothèque de la Vallière, l'édition du livre de Jean-Baptiste Palatino, de l'année 1547, *Roma, per Ant. Blado Asolano*. Comme celle-ci est plus rare et plus recherchée que celle de 1545, citée par Debure, il y a lieu de s'étonner qu'elle ne soit pas inscrite au nombre des livres rares.

Tome second.

Sur la page 2, on trouve, dans le catalogue de la Vallière, le Dictionnaire ou *Lexicon chaldaicum* d'Elias Levites, et on a omis un livre bien plus précieux, qui est le Dictionnaire arabe, en 4 vol. in-fol.

(Page 98, n°. 2565). La version italienne, citée sous ce numéro, est celle de Jean de Bonsignore. On a laissé de côté les traductions de Jean-André *dell'Anguillara in ottava rima*, des deux éditions des *Giunti* à Venise, in-4., en 1584, avec les belles figures de Jacopo Franco, vénitien, les argumens et les possibles de Francesco Turchi de Trévise, de l'ordre des Carmes. On peut voir sur ces deux éditions *Hoym*, tom. 1, pag. 525 et 526, la Bibliotheca carmelitana, tom. 1, col. 525 et le catalogue de Jackson, pag. 575 et 576, où on lira une note très-curieuse sur ces deux éditions.

(Page 484, n°s. 5546 et 5547). Il a été omis la seconde édition du *Canti carnascialeschi*, donnée à Lucques, en 1750, 2 vol. in-8. Girolamo Lippi et Giuseppe Bruscoli, libraires, en firent les frais. Elle fut exécutée sur la copie qu'ils avaient eue de Biscioni, et d'après diverses leçons manuscrites. Lorsque les six premiers feuillets furent imprimés, l'Abbé Rinaldo Bracci fit voir aux éditeurs que la copie, dont ils se servaient, était incorrecte. On le pria de diriger l'édition, et il s'en chargea du consentement de Biscioni. Il ajouta des chants qui manquaient à l'édition de Lasca, il plaça des leçons où il les crut nécessaires, et les publia sous le nom pseudonyme de *Neri del Boccia* et sous celui de *Cosmopoli*. Voyez Mazzuchelli, pag. 1950 et suivantes, vol. 1, partie seconde. Ce livre méritait bien d'être cité.

(Page 486, n°. 5555). L'auteur du catalogue cite un recueil de poésies italiennes, in-4., avec un dos de maroquin rouge. Il a omis un recueil de poésies italiennes, en 6 vol. in-8. et in-16, dont les unes sont couvertes de maroquin rouge et les autres de maroquin bleu.

Ces collections furent faites en 1761 et 1762. Elles sont ornées de dessins, de vignettes et de culs-de-lampe, le tout à la plume.

Ce recueil est cité au catalogue de la Vallière 1767, tom. 1, pag. 521 et 522: Il fut retiré de la vente qui fut faite en cette année.

(Page 498, entre les nos. 5585 et 5586). Omission de l'édition des triomphes et sonnets de Pétrarque, imprimée à Venise, in-fol., en 1492, par Pierre Veronese. Cette édition est réputée rare au catalogue de Jackson, pag. 597, et elle n'a été connue ni de Corn. à Beughem, ni de Maittaire, ni de Orlandi, ni de Quadrio, ni de Hoym. La bibliographie de Debure, Osmont et l'éditeur du Pétrarque imprimé à Padoue, en 1722, in-8., n'en font aucune mention.

Cette omission est d'autant plus étonnante, que l'on doit s'attendre à trouver dans le catalogue de la Vallière, toutes les éditions du 15e. siècle de cette bibliothèque, puisque ce catalogue est annoncé comme un supplément aux annales typographiques de Maittaire.

(Page 757, n°. 4463). L'édition *Delle lettere di Messer Pietro Bembo*, Rome, 1548, in-4., citée sous ce numéro, n'est pas achevée. Non seulement il était essentiel de l'annoncer, mais il fallait encore y ajouter une autre édition, imprimée en 1551 et 1552, en 4 vol. in-8., par Gualtero Scotto et par les fils d'Alde. Cette édition est très-estimée et elle est la seule complète. Hoym, qui l'a citée au tome 2, pag. 406 de sa dernière édition, s'est trompé sur les dates et sur le nom de l'imprimeur. Il date les 4 vol. de 1552, tandis que le second est de 1551. Il dit qu'ils sont tous des presses de Gualtero Scotto, mais les fils d'Alde ont imprimé le second volume.

(Page 485, n°. 5543). On indique *I fiori delle rime*, etc. *Venetia*, 1558, in-8., livre de 5 fr. au plus, quoiqu'à la vente, il ait été poussé à 6 fr., et on omet le recueil intitulé : *Sonnetti e canzoni di diversi antichi autori Toscani*, etc. Firenza, per gli eredi del Giunta, 1527, in-8., qui vaut de 18 à 24 fr. C'est l'édition citée par la Crusca.

(Page 542, n°. 5794). Transformazioni

amorose. Tragedia (in rima, in 5 atti) in-4.º v. m.

Manuscrit, sur papier du XVIII siècle, contenant 48 feuillets.

Ce manuscrit, dont le peu de valeur était indiqué sur le livre même par ces mots latins : *Codex parvi pretii*, ne méritait pas d'être cité. Mais si en qualité de manuscrit, il a été porté sur les trois premiers volumes du catalogue, il ne fallait pas en défigurer le nom, et écrire *Transformazioni* au lieu de *Trasformazioni*. Ce manuscrit est du 17e. siècle et non du 18e. Il vient de la bibliothèque de Jackson et il est cité dans son catalogue, sous le nº. 200, pag. 660. Il est à longues lignes et en lettres cursives. Ses pages entières ont 12 lignes. Il contient une tragédie en 5 actes et en vers, sans nom d'auteur. Les auteurs du catalogue de Jackson et de celui de la Vallière se sont trompés sur le format qui est in-fol. et non pas in-4.

Au reste, l'on ne finirait pas, si l'on voulait relever toutes les omissions essentielles. L'édition du Tasse de 1670 (Elzévir), qui vaut au plus 5 fr., a été citée, et il n'est pas parlé de celle de Venise, in-4., chez Alde, 1690, la plus rare et la plus belle de toutes. Voyez le catalogue de Jackson, pag. 500.

On ne cite pas l'édition de *la Gismonda*, donnée à Paris en 1587, in-8., qui est de toute rareté en Italie. Cette édition ne fut vendue que 5 fr. à l'Abbé Rive, à la vente des livres de Boisset; il l'acheta pour l'Abbé Felice Fontana de Florence, qui la demandait depuis longtems.

Au reste, cette pièce que Debure attribue au Tasse dans son catalogue de Boisset, est de Silvano Razzi de Florence. Voyez Hoym, édition de Londres, chez Tomson, en 1726, in-8., p. 154, qui cite l'édition de Florence de 1569.

∽∽∽

Parmi les ouvrages sur la typographie qui méritent de fixer les yeux des curieux, je ne peux m'empêcher de citer ici celui de M. *de la Serna Santander*, qui a pour titre: *Dictionnaire bibliographique choisi du 15e. siècle.* Bruxelles, 1805, 3 vol. in-8. (*a*).

Ce savant a rassemblé tous les noms des imprimeurs qui ont vécu depuis l'origine de l'imprimerie, jusques en 1500.

Son premier volume fait connaître les villes

(*a*) Je place ici cette digression que je crois devoir être vue de bon œil par mes souscripteurs, qui peuvent ne pas connaître encore ce nouvel ouvrage, digne d'entrer dans toutes les collections intéressantes de livres.

dans lesquelles ils ont exercé leur art, et les deux autres offrent le catalogue alphabétique des noms des imprimeurs. Je n'ai découvert que très-peu de fautes dans cet auteur instruit, et je conseille à mes lecteurs de se procurer cet ouvrage curieux et intéressant.

S'il eût été moins étendu, je leur en aurais présenté une analyse complète. Mais je me borne à leur transcrire ici, le tableau chronologique des villes où l'art typographique a été exercé dans le XVe. siècle, et qui se trouve dans son premier volume, page 108. Le nombre des articles s'élève à 200.

Les articles sont désignés par des chiffres romains, les dates sont indiquées par des chiffres arabes immédiatement après; viennent ensuite, en petites capitales, les noms des villes; suit les titres des ouvrages, en lettres italiques; et les noms des imprimeurs terminent les alinéa, en caractères romains.

I, 1457, MAYENCE, *Psalmorum codex*, in-fol., imp. Joan. Fust et Petrus Schoiffer.

II, 1461, BAMBERG, *Recueil de fables, germanicè*, in-fol., imp. Albert Pfister.

III, 1465, SUBBIACO, *Lactantii opera*, in-4., imp. Conradus Sweynheim et Arnoldus Pannartz.

IV, 1467, ROME, *Ciceronis epistolæ familiares*, in-4., les mêmes imprimeurs.

V, 1467, Elfeld, *Vocabularium ex quo*, in-4., imp. Henry et Nic. Bechtermuntze et Wigandus Spyes.

VI, 1467, Cologne, *S. August. de Singul. clericor.*, in-4., imp. Ulricus Zel, ou Zell, d'Hanau.

VII, 1468, Augsbourg, *Meditationes vitæ Christi*, in fol., imp. Ginther Zainer, de Reutlingen.

VIII, 1469, Venise, *Ciceronis epistolæ familiares*, in-fol., imp. Joannes de Spira.

IX, 1469, Milan, *Miracoli de la glor. V. Maria*, in-4., imp. Philippus de Lavagna.

X, 1470, Nurenberg, *Comestorium vitiorum*, in-fol., imp. Joannes Sensenschmidt (1472). *

XI, 1470, Paris, *Epistolæ Gasparini Pergamensis*, in-4., imp. Ulricus Gering, M. Crantz et M. Friburger, de Colmar.

XII, 1470, Foligno, *Leon Areti de Bello Italico*, in-fol., imp. Emilien de Orfinis.

XIII, 1470, Trévi, *Hist. de indulgentia B. Francisci*, in-4., imp. Joan. Reynardi.

XIV, 1470, Vérone, *la Batracomiomachia*, in-fol., imp. Joan. de Verona (1472).

---

* Les chiffres, dans les parenthèses (), désignent la date des impressions, où le nom des imprimeurs se trouve consigné pour la première fois.

XV, 1471, Strasbourg, *Gratiani decretum,* in-fol., imp. Joan. Mentelius (1473).

XVI, 1471, Spire, *Postilla super apocalypsim,* in-4., imp. Petrus Drach (1477).

XVII, 1471, Tréviso, *Mercurius Trimegister,* in-4., imp. Girardus de Lisa, de Flandrie.

XVIII, 1471, Bologne, *Ovidii opera,* in-fol., imp. Balthasar Azzoguidi.

XIX, 1471, Ferrare, *Martialis epigram.,* in-4., imp. Andreas Belfortis.

XX, 1471, Naples, *Bartholi de Saxo Ferrato lectura,* infol., imp. Sixtus Riessinger, de Strasbourg.

XXI, 1471, Pavie, *Joann. Matthæi de Gradibus opera medica,* in-fol., imp. Anton. de Carcano (1476).

XXII, 1471, Florence, *Comment. Servil in Virgil.,* in-fol., imp. Bernard Cennini et fils.

XXIII, 1472, Crémona, *Angeli de Perusio lectura,* in-fol., imp. Dion de Paravesino et Steph. de Merlinis de Leucho.

XXIV, 1472, Fivisano, *Virgilius,* in-fol., imp. Jacobus, Baptista Sacerdos et Alexander.

XXV, 1472, Padoue, *la Fiammetta di Boccacio,* in-4., Barth. de Valdezochio et Mart. de Septem Arboribus.

XXVI, 1472, Mantoue, *Tractatus Malefi-*
34

ciorum, in-fol., imp. Petrus-Adam de Michaelibus.

XXVII, 1472, MONTEREALE, *S. Antonini de instruct. confes.*, in-4., imp. Ant. Mathie de Antuerpia et Balthasar Corderius.

XXVIII, 1472, JESI, *Comedia de Dante*, in-fol., imp. Fridericus Veronensis.

XXIX, 1472, MUNSTER en Argow., *Roderici speculum*, in-fol., imp. Helias Heleye, ou de Louffen.

XXX, 1473, PARME, *Trionfi di Petrarca*, in-fol., imp. Andreas Portiglia.

XXXI, 1473, BRESSE, *Statuta Brixiæ*, in-f., imp. Thomas Ferrandus.

XXXII, 1473, MESSINE, *Vita di S. Hieronimo*, in-4., imp. Henricus Alding.

XXXIII, 1473, ULM, *Opus de mysterio missæ*, in-4., imp. Joan. Zainer, de Reutlingen.

XXXIV, 1473, BUDE, *Cronica Hungarorum*, in-fol., imp. Andreas Hess.

XXXV, 1473, LAUGUINGEN, *S. August. de Consensu Evangelistarum*, in-fol., sans nom d'imprimeur.

XXXVI, 1473, MERSBOURG, *S. Aug. de Quæstionibus Orosii*, in-4., imp. Lucas Brandis.

XXXVII, 1473, ALOST, *Speculum conversionis peccator.*, in-4., imp. Theodoricus Martens.

XXXVIII, 1473, Utrecht, *Historia scholastica novi Testam.*, in-fol., imp. Nicolas Ketelaer et Ger. de Leempt.

XXXIX, 1473, Saint-Ursio, *J. Duns Scotus, super tertio sententiarum*, in-fol., imp. Joannes de Rheno.

XL, 1474, Vicence, *Dita mundi*, in-fol., imp. Leonardus Achates, de Bâle.

XLI, 1474, Côme, *Tractatus de appellationibus*, in-fol., imp. Ambrosius de Orcho et Dionys. de Paravicino.

XLII, 1474, Turin, *Breviarium romanum*, in-8., imp. Joh. Fabri et Joanninus de Petro.

XLIII, 1474, Gênes, *Summa Pisanella*, in-fol., imp. Mathias Moravus et Mich. de Monacho.

XLIV, 1474, Savone, *Boetius de Consol. philosophiæ*, in-4., imp. Bonnus Johannes.

XLV, 1474, Eslingen, *Th. de Aquino in Job.*, in-fol., imp. Conradus Fyner.

XLVI, 1474, Bale, *Der Sassen Spiegel*, in-fol., imp. Bernardus Richel.

XLVII, 1474, Val-Sainte-Marie, *Breviarium Moguntin.*, in-4., imp. Fratres Vitæ communis.

XLVIII, 1474, Valence, *Trobes de la S. V. Maria*, in-4., imp. Alonso Fernandez de Cordova et L. Palmart (1478).

XLIX, 1474, Louvain, *Commoda ruralia*, in-fol., imp. Joannes de Westphalia.

L, 1474, Westminster, *The Game at chess.*, in-fol., imp. Guillaume Caxton.

LI, 1475, Lubeck, *Rudimentum Novitiorum*, in-fol., imp. Lucas Brandis, de Schass.

LII, 1475, Burgdorff, *Tractatus de apparitionibus*, in-fol., sans nom d'imprimeur.

LIII, 1475, Blauburren, *Ob ein Man sey zu nemen Weib*, etc. imp. Conradus Mancz.

LIV, 1475, Cagli, *Mafei Vegii, de Morte Astianactis*, in-4., imp. Robertus de Fano et Bernardinus de Bergamo.

LV, 1475, Casole, *Vitæ Sanctorum*, in-4., imp. Jean Fabri.

LVI, 1475, Modène, *Virgilius*, in-fol., imp. Joan. Vurster, de Campidonia.

LVII, 1475, Pérouse, *Verulami, de Arte grammatica*, in-4., imp. Henricus Clayn, de Ulm (1476).

LVIII, 1475, Piève di Sacco, *Quatuor ordines, hebraicè*, in-fol., imp. R. Mescullam, dit Kotzi.

LIX, 1475, Plaisance, *Biblia latina*, in-4., imp. Joan. Petrus de Ferratis.

LX, 1475, Reggio, *R. Salomon Jarchi in Pentateuchum*, in-fol., imp. Abraham Garton.

LXI, 1475, Barcelone, *Valasti de Tarenta*,

de Epidemia, in-4., imp. Nicolaus Spindeler (1480).

LXII, 1476, Anvers, *Thesaurus pauperum*, in-fol., imp. Theodoricus Martens, d'Alost.

LXIII, 1476, Bruges, *Bocace, du déchiet des nobles*, etc. in-fol., imp. Colard Mansion.

LXIV, 1476, Bruxelles, *Gnotosolitos*, in-fol., imp. Fratres vitæ communis.

LXV, 1476, Nova Plzna, *Statuta synodalia Pragensia*, in-4., sans nom d'imprimeur.

LXVI, 1476, Rostock, *Lactantii opera*, in-fol., imp. Fratres vitæ communis.

LXVII, 1476, Polliano, *Petrarca, degli huomini famosi*, in-4., Innocentius Ziletus et Felix Antiquarius.

LXVIII, 1476, Trente, *De obitu pueri Simonis*, in-4., imp. Hermannus Schindeleyp.

LXIX, 1476, Lyon, *Legende de Jac. de Vorages*, in-fol., imp. Barthol. Buyer.

LXX, 1476, Delft, *Biblia, belgicè*, in-fol. imp. Jacob Jacobs et Maurice Yemants.

LXXI, 1477, Deventer, *Reductorium Bibliæ*, in-fol., imp. Richard Paffroet.

LXXII, 1477, Goude, *Epistelen en evangelien*, in-fol., imp. Gerard Len, ou Leew.

LXXIII, 1477, Angers, *Manipulus curatorum*, in-fol., imp. Joan. de Turre et Joan. Morelli.

LXXIV, 1477, Palerme, *Consuetudines Panormi*, in-4., Andreas de Wormatia.

LXXV, 1477, Ascoli, *Cronica de S. Isidoro Menore*, in-4., imp. Guillelmus de Linis.

LXXVI, 1477, Lucques, *les Triomphes de Pétrarque*, in-fol., imp. Barthol. de Civitali.

LXXVII, 1477, Séville, *Sacramentale*, in-4. imp. A. M. de la Talla, B. Segura et Alonso del Puerto.

LXXVIII, 1478, Cosenza, *Dell'immortalità dell'anima*, in-4., imp. Octavianus Salomonius de Manfredonia.

LXXIX, 1478, Colle, *Discorides, latinè*, in-fol., imp. Joannes Allemanus, de Medemblick.

LXXX, 1478, Chablis, *des bonnes mœurs*, in-fol., imp. Pierre le Rouge.

LXXXI, 1478, Genève, *le livre des Saints Anges*, in-fol., imp. Adam Steynschawer, de Schuinfordia (1480).

LXXXII, 1478, Oxford, *Expositio in simbolum*, in-4., imp. Theodoricus Rood (1481).

LXXXIII, 1478, Prague, *Statuum utraquisticorum articuli*, in-fol., sans nom d'imprimeur.

LXXXIV, 1478, Monast. Sorten, *Leonardi Aretini comœdia*, etc. in-fol., sans nom d'imprimeur.

LXXXV, 1478, Eichstett, *Summa hostiensis*, in-fol., imp. Michel Reyser.

LXXXVI, 1479, Wurtzbourg, *Breviarium herbipolense*, in-fol., imp. Stephanus Dold, Jeorius Ryser et Joan. Bekenhub.

LXXXVII, 1479, Zwoll, *Sumulæ Petri Hispani*, in-fol., imp. Joannes de Vollehoe.

LXXXVIII, 1479, Nimègue, *Epistola de privilegiis Ord. Mendicant.*, in 4., sans nom d'imprimeur.

LXXXIX, 1479, Pignerol, *Boëtius, de Consol. philosophiæ*, in-fol., imp. Jacobus de Rubeis.

XC, 1479, Tusculano, *Æsopi fabulæ*, in-4., imp. Gabriel Petri.

XCI, 1479, Tolosa, *Tractatus de Jure emphiteotico*, in-fol., imp. Joannes Teutonicus.

XCII, 1479, Poitiers, *Breviarium historiale*, in-4., imp. Joan. Bouyer et Guillaume Bouchet (1499).

XCIII, 1479, Segorbe, *Constitutiones synodales*, in-fol., sans nom d'imprimeur.

XCIV, 1480, Audenarde, *Herm. de Petra Sermones*, in-fol., imp. Arnoldus Cesaris

XCV, 1480, Hasselt, *Epistelen en Evangelien*, in-4., sans nom d'imprimeur.

XCVI, 1480, Nonantola, *Breviarium romanum*, in-4., imp. Georgius et Anschuus de Mischinis.

XCVII, 1480, Reggio, *Nic. Perotti Rudim.*

gram., in-4., imp. Barthol. et Laurentius de Bruschis.

XCVIII, 1480, Frivli, *Platina de honesta voluptate*, in-4., imp. Gerardus de Flandria.

XCIX, 1480, Caen, *Horatii epistolæ*, in-4., imp. Jac. Durandus et Egidius Quijoue.

C, 1480, Saint-Alban, *Laur. Guil. de Saona, Rhetorica nova*, in-4., sans imprimeur connu.

CI, 1481, Leipsick, *Glosa super apocalipsim*, in-4., imp. Marcus Brand (1484).

CII, 1481, Casal, *Ovidii Epist. heroides*, in-fol., imp. Guill. de Canepa Nova, de Campanilibus.

CIII, 1481, Ummin, *Marii Philelphi Epistolarium*, in-4., imp. Henricus de Colonia (en 1495).

CIV, 1481, Vienne, en France, *Nic. de Clemangis de Lapsu justitiæ*, in-4., imp. Pierre Schenck.

CV, 1481, Aurach, *Leben der Heiligen*, in-fol., imp. Conradus Fyner.

CVI, 1482, Aquila, *Vite de Plutarcho*, in-fol., imp. Adam Rotwil, Alemannus.

CVII, 1482, Erfort, *Quæstiones in libros Arist. de anima*, in-4., imp. Paulus Wider de Hornbach.

CVIII, 1482, Memmingen, *Fasciculus temporum*, in-fol., imp. Albertus Kunne.

CIX, 1482, Passaw, *Epistola de Morte S. Hieronimi*, in-4., imp. Conradus Stahel, et Bened. Mayr.

CX, 1482, Reutlingen, *Summa Pisani*, in-fol., imp. Joh. Ottmar.

CXI, 1482, Vienne, en Autriche, *Manipulus Curatorum*, in-4., imp. Joh. Winterburg (1492).

CXII, 1482, Promentour, *Doctrinal de Sapience*, in-fol., imp. Louis Guerin.

CXIII, 1483, Magdebourg, *Officium Missæ*, in-4., imp. Albertus Rauenstein et Joachimus Westval.

CXIV, 1483, Stockholm, *Dialogus creaturarum*, in-4., imp. Joh. Snell.

CXV, 1483, Gand, *Guil. Rhetorica divina*, in-4., imp. Arnoldus Cæsaris.

CXVI, 1483, Troyes, *Breviarium Trecence*, in-8., imp. Guil. le Rouge (1492).

CXVII, 1483, Schiedam, *le Chevalier Delibere*, in-4., sans nom d'imprimeur connu.

CXVIII, 1483, Harlem, *Formulæ Novitiorum*, in-4., imp. Joh. Andriesson.

CXIX, 1483, Culembourg, *Speculum human. salv., belgicè*, in-4., imp. Jean Veldener.

CXX, 1483, Leyde, *de Cronike van*

Holland, etc. in-4., imp. Heynricus Heynrici.

CXXI, 1483, Pise, *Franc. de Accoltis consilia*, in-fol., imp. Laurentius et Angelus Florentini (1484).

CXXII, 1484, Bois-le Duc, *Tondalus Vysioen*, in-4., imp. Ger. Leempt, de Novimagio.

CXXIII, 1484, Winterperg, *Albertus Magnus de Eucharistia*. Joannes Alacraw.

CXXIV, 1484, Chamberri, *Baudoyn, comte de Flandres*, in-fol., imp. Antonius Neyret.

CXXV, 1484, Bréand-Loudéhac, *le Songe de la Pucelle*, in-4., imp. Robin Foucquet.

CXXVI, 1484, Rennes, *Coustumes de Brétagne*, in-12., imp. Pierre Belleesculée et Josses.

CXXVII, 1484, Sienne, *Paul de Castro, lectura*, in-fol, imp. Henri de Colonia.

CXXVIII, 1484, Soncino, *Delectus Margaritarum, hebraicè*, in-4., imp. Josuas Salomon et associés.

CXXVIX, 1484, Novi, *Summa Baptistiniana*, in-4., imp. Nicol. Girardengus.

CXXX, 1485, Heidelberg, *Hugonis Sermones*, in-fol., imp. Fridericus Misch (1488).

CXXXI, 1485, Ratisbonne, *Liber Missalis Ratisbonnensis*, in-fol., imp. Joan. Sensenschmidt et Beckenhaub.

CXXXII, 1485, Verceil, *Nic. de Auximo*

suppl. sum. Pisan., in-8., imp. Jacobinus Suigus de S. Germano.

CXXXIII, 1485, Pescia, *la Confessione de S. Bern. da Sienna*, in-4., imp. Franc. Cenni.

CXXXIV, 1485, Udine, *Nic. Perotti Rudim. grammat.*, in-4., imp. Gerardus de Flandria.

CXXXV, 1485, Burgos, *And. Guterii opus Grammatic.*, in-fol., imp. Fridericus de Basilea.

CXXXVI, 1485, Zaragoza, *Epistolas y Evangelios*, in-fol., imp. Paulus Hurus.

CXXXVII, 1485, Salamanca, *Medicinas de la Peste*, in-4., imp. Antonius de Barreda (1498).

CXXXVIII, 1486, Abbeville, *la Cité de Dieu de S. Aug.*, in-fol., imp. Jean Dupré et Pierre Gérard.

CXXXIX, 1486, Brinn, *Agenda Chori Olomucensis*, in-4., imp. Conradus Stahel et Mattheus Preinlein (1491).

CXL, 1486, Munster, *Rudolphi Langi Carmina*, in-4., imp. Joannes Limburgus.

CXLI, 1486, Sleswick, *Missale Sleswicence*, in-fol., imp. Stephanus Arndes.

CXLII, 1486, Casal-Maggiore, *Machasor hebraicè*, in-4., sans imprimeur connu.

CXLIII, 1486, Chivasso, *Angeli de Clavasio summa*, in-4., imp. Jacobinus Suigus.

CXLIV, 1486, Voghera, *Alex. de Immola postillæ*, in-fol., imp. Jacobus de Sancto-Nazario.

CXLV, 1486, Tolède, *Petri Ximenes confutatorium*, in-4., imp. Joannes Vasqui (Vazquez).

CXLVI, 1487, Besançon, *Liber de Pestilensia*, in-4., imp. Jean Comtet.

CXLVII, 1487, Gaiete, *Formulario epistolare*, in-4., imp. A. F. (Andreas Fritag).

CXLVIII, 1487, Murcie, *El Valerio de las hist. de Espana*, in-fol., imp. Jean de Roca.

CXLIX, 1487, Rouen, *Croniques de Normandie*, in-fol., imp. Guillaume le Talleur.

CL, 1487, Ischar (Ixar), II. *Ordo Arba Turim, hebraice*, in-fol., imp. Eliezer, filius Alanta.

CLI, 1488, Tarragone, *El conde Pertenoples*, in-8., imp. Joan. Rosembach (1499).

CLII, 1488, Viterbe, *Servii honorati de Metrorum Gener.*, in-8., sans nom d'imprimeur.

CLIII, 1489, Hagenau, *Cornutus Joan. Garlandia*, in-4., imp. Henricus Gran.

CLIV, 1489, Kuttenberg, *Biblia, Bohemice*, in-fol., imp. Martin Van Tischniowa.

CLV, 1489, Lerida, *Petri de Castrovol*,

in libros nat. Arist., in-fol., sans imprimeur connu.

CLVI, 1489, S. Cucufate, *El Abad Isack de Religione*, in-4., sans d'imprimeur connu.

CLVII, 1489, Lisbonne, *Rabbi M. Nachmanidis in Pent.*, in-fol., imp. Samuel Zorba et Raban Eliezer.

CLVIII, 1490, Orléans, *Manipulus curatorum*, in-4., Matthieu Vivian.

CLIX, 1490, Ingolstadt, *Rosarium cœlestis curiœ*, in-fol., imp. Joan. Kachelofen.

CLX, 1490, Porto, *Statuta communi Ripperiœ*, in-fol., imp. Barthol. Zanni.

CLXI, 1490, Zamora, *Los Evangelios desde Adviento*, etc. in-fol., sans nom d'imprimeur.

CLXII, 1491, Dijon, *Cisterc. ord. privilegia*, in-4., imp. Petrus Metlinger.

CLXIII, 1491, Angoulême, *Auctores VIII, Cato, Facetus*, etc. in-4., sans nom d'imprimeur.

CLXIV, 1491, Hambourg, *Laudes B. M. Virg.*, in-fol., imp. Joh. et Thomas Borchard.

CLXV, 1491, Nozani, *P. Turretini, disputatio Juris*, in-fol., imp. Henri de Colonia et Henri d'Harlem.

CLXVI, 1492, Dôle, *Joan. Heberling de Epidemia*, in-4., sans nom d'imprimeur.

CLXVII, 1492, Leiria, *Proverbia Salom.*, hebraicè, in-fol., imp. Abraham Dortas.

CLXVIII, 1492, Tzenna, *Psalterium B. M. V.* in-4., sans nom d'imprimeur.

CLXIX, 1493, Albe, *Alex. de Villa doctrinale*, in-fol., sans nom d'imprimeur.

CLXX, 1493, Clugni, *Missale Cluniacense*, in-fol., imp. Michael Wenssler.

CLXXI, 1493, Fribourg, *S. Bonav. in IV sentent.*, in-fol., imp. Kilianus Piscator.

CLXXII, 1493, Lunebourg, *Th. à Kempis, de Imit. Christi*, in-8., imp. Joan. Luce.

CLXXIII, 1493, Nantes, *les Lunettes des princes*, in-8., imp. Etienne Larcher.

CLXXIV, 1493, Copenhague, *Regulæ de fig. construct. grammat.*, in-4., imp. Gothofridus de Chemen.

CLXXV, 1494, Oppenheim, *Wigandi Wirt Dialogus apolog.*, etc. in-4., sans nom d'imprimeur.

CLXXVI, 1495, Forli, *Nic. Ferretti de Eleg. ling. lat. servanda*, in-4., imp. Hieronymus Medesanus.

CLXXVII, 1495, Freisingen, *Compendiosa mat. pro Juven. inform.*, in-4., imp. Joan. Schaeffler.

CLXXVIII, 1495, Limoges, *Breviarium Lemovicense*, in-8., imp. Joan. Berton.

(279)

CLXXIX, 1495, Scandiano, *Appianus*, in-fol., imp. Peregrinus de Pasqualibus.

CLXXX, 1495, Schoenhoven, *Breviarium Trajectense*, in-fol., sans d'imprimeur connu.

CLXXXI, 1496, Barco, *Selicoth, hebraicè*, in-fol., imp. Gerson Mentzlen.

CLXXXII, 1496, Offenbourg, *Quadragesimale de Litio*, in-4., sans imprimeur connu.

CLXXXIII, 1496, Provins, *la Règle des Marchands*, in-4., imp. Guill. Tavernier.

CLXXXIV, 1496, Tours, *la vie de St. Martin*, in-fol., imp. Matthieu Lateron.

CLXXXV, 1496, Pampelune, *Petri de Castrovole sup. lib. Yconom. Arist.*, in-fol. imp. Arnaldus Guillen.

CLXXXVI, 1496, Grenade, *Franc. Ximenes de Vita Christ.* in-fol., imp. Menardus Ungut.

CLXXXVII, 1497, Avignon, *Luciani Palinurus*, etc. in-4., imp. Nicol Lepe.

CLXXXVIII, 1497, Carmagnole, *Facini Tibergæ in Alex. de villa*, etc. sans imprimeur connu.

CLXXXIX, 1497, Tubingen, *Pauli lectrau in primum Senten.*, in-fol., imp. Joan. Ottmar.

CXC, 1499, Treguier, *le Catholicon*, in-fol., sans nom d'imprimeur connu.

CXCI, 1499, Montserrat, *Missale Benedictinum*, in-fol., imp. Joan. Luchner Alemannus.

CXCII, 1500, Cracovie, *Ciceronis rhetor. libri IV*, in-4., imp. (Joannes Haller).

CXCIII, 1500, Munich, *Aug. Mundii oratio.*, in-4., imp. Joannes Schobser.

CXCIV, 1500, Olmutz, *Aug. de Olomros contra VValdenses*, in-4., imp. Conradus Bomgathem.

CXCV, 1500, Prortzheim, *Joan. Altenstaig vocabularius*, imp. Thomas Anselmus Badensis.

CXCVI, 1500, Perpignan, *Breviarium Elnense*, in-8., imp. J. Rosembach de Heidelberg.

CXCVII, (1500), Jaen, *Petri Dagui, tractatus de differentiis*, sans imprimeur connu.

CXCVIII, 1475, Savillano, *Manipulus curatorum*, in-fol., imp. Christoph. Beggiamo et J. Glim.

CXCIX, (1500), Almie, *Eneæ Sylvii de amoris remedio*, in-4., sans nom d'imprimeur.

CC, (1500), Rhenen, *Dat leeven van H. maget S. Kunera*, sans nom d'imprimeur.

Quelques personnes ayant pensé que j'aurais dû parler plus au long de ma méthode bibliographique, j'ai cru devoir communiquer ici une lettre écrite à ce sujet à un de mes abonnés. Je crois qu'ils seront contens de ma réponse, et qu'après avoir tenu dans leurs mains mon catalogue de la bibliothèque de Marseille, ils n'auront plus de reproches à me faire sur cela.

Lettre à M. D...., Abonné.

MONSIEUR,

Vous vous êtes plaint de ce que le cours de bibliographie ne contient, qu'en abrégé, le nouveau système que je propose. J'ai l'honneur de vous répondre qu'ayant dressé le catalogue de la bibliothèque de Marseille, d'après mon plan, et ce catalogue étant déjà sous presse et imprimé en partie, tous mes abonnés peuvent le consulter. Ils y verront les motifs qui m'ont porté à adopter cette méthode, dans laquelle j'ai réuni, autant qu'il m'a été possible, l'ordre à la clarté, et je peux vous assurer que plusieurs de mes lecteurs m'ont fait compliment sur ce travail, qui pourra être porté à sa dernière perfection, lorsque, travaillant d'après mes données, un savant bibliographe aura soin de placer dans ses catalogues, tous les livres par ordre de date, et de ne pas séparer les traductions des originaux.

J'ai l'honneur de vous saluer.

ACHARD, *Bibliothécaire.*

Marseille, le 18 juin 1807.

CXC, 1499, Treguier, *le Catholicon*, in-fol., sans nom d'imprimeur connu.

CXCI, 1499, Montserrat, *Missale Benedictinum*, in-fol., imp. Joan. Luchner Alemannus.

CXCII, 1500, Cracovie, *Ciceronis rhetor. libri IV*, in-4., imp. (Joannes Haller).

CXCIII, 1500, Munich, *Ang. Mundii oratio.*, in-4., imp. Joannes Schobser.

CXCIV, 1500, Olmutz, *Aug. de Olomroz contra VValdenses*, in-4., imp. Conradus Bomgathem.

CXCV, 1500, Pfortzheim, *Joan. Altenstaig vocabularius*, imp. Thomas Anselmus Badensis.

CXCVI, 1500, Perpignan, *Breviarium Elnense*, in-8., imp. J. Rosembach de Heidelberg.

CXCVII, (1500), Jaen, *Petri Dagui, tractatus de differentiis*, sans imprimeur connu.

CXCVIII, 1475, Savillano, *Manipulus curatorum*, in-fol., imp. Christoph. Beggiamo et J. Glim.

CXCIX, (1500), Albie, *Eneæ Sylvii de amoris remedio*, in-4., sans nom d'imprimeur.

CC, (1500), Rhenen, *Dat leeven van H. maget S. Kunera*, sans nom d'imprimeur.

Quelques personnes ayant pensé que j'aurais dû parler plus au long de ma méthode bibliographique, j'ai cru devoir communiquer ici une lettre écrite à ce sujet à un de mes abonnés. Je crois qu'ils seront contens de ma réponse, et qu'après avoir tenu dans leurs mains mon catalogue de la bibliothèque de Marseille, ils n'auront plus de reproches à me faire sur cela.

Lettre à M. D...., Abonné.

Monsieur,

Vous vous êtes plaint de ce que le cours de bibliographie ne contient, qu'en abrégé, le nouveau système que je propose. J'ai l'honneur de vous répondre qu'ayant dressé le catalogue de la bibliothèque de Marseille, d'après mon plan, et ce catalogue étant déjà sous presse et imprimé en partie, tous mes abonnés peuvent le consulter. Ils y verront les motifs qui m'ont porté à adopter cette méthode, dans laquelle j'ai réuni, autant qu'il m'a été possible, l'ordre à la clarté, et je peux vous assurer que plusieurs de mes lecteurs m'ont fait compliment sur ce travail, qui pourra être porté à sa dernière perfection, lorsque, travaillant d'après mes données, un savant bibliographe aura soin de placer dans ses catalogues, tous les livres par ordre de date, et de ne pas séparer les traductions des originaux.

J'ai l'honneur de vous saluer,

ACHARD, *Bibliothécaire.*

Marseille, le 18 juin 1807.

TABLE

Des matières contenues dans le tome premier du Cours élémentaire de Bibliographie.

Discours préliminaire.   Pag. 5.

SECTION PREMIÈRE.

Des connaissances préliminaires que l'étude de la Bibliographie exige. 15.
§ I. L'étude des langues est nécessaire aux Bibliographes. 16.
§ II. Notions historiques nécessaires à un Bibliographe. 24.
§ III. La Philosophie est-elle nécessaire aux Bibliographes ? 27.
§ IV. Rapport de l'histoire littéraire avec la Bibliographie. 29.

SECTION SECONDE.

Définition de la Bibliographie, ses divisions, son utilité. 32.
§ I. Des plus anciens manuscrits. 33.
§ II. Des manuscrits modernes. 64.
§ III. Des livres imprimés. 75.
    Article premier: Origine de la Typographie. 76.
    Article second: Mécanisme de l'Imprimerie. 104.
       Presse nouvelle. 131.
       Autres nouvelles presses. 132.
    Article troisième: De la différence des anciennes éditions avec les modernes. 145.
    Article quatrième: Des caractères d'impression. 157.

(285)

Article cinquième: De la matière des livres. P. 159.
Article sixième: Du prix des livres. 166.

TROISIÈME SECTION.

Des notions typographiques nécessaires aux Bibliographes. 169.
§ I. Des Imprimeurs anciens et modernes. 170.
§ II. Format et arrangement des livres. 192.

QUATRIÈME SECTION.

Des divers systèmes bibliographiques. 195.
§ I. Projet de M. Ameilhon sur quelques changemens à faire aux catalogues des bibliothèques. 197.
§ II. Systèmes d'Arias Montanus et de Baillet. 216.
§ III. Système de M. Barbier, Bibliothécaire du Conseil d'état. 219.
 Théologie. ibid.
 Jurisprudence. 221.
 Sciences et Arts. 223.
 Belles-Lettres. 229.
 Histoire. 254.
§ IV. Ordre suivi dans l'arrangement des livres de la Bibliothèque Impériale de Paris. 243.
§ V. Système de M. Butenschoen, professeur d'histoire à Colmar. 246.
 I. Introduction générale aux sciences, lettres et arts. 247.
 II. Littérature et beaux-arts. 248.
 III. Sciences historiques. ibid.
 IV. Sciences philosophiques. 249.

V. Sciences mathématiques et physiques.	P. 250.
VI. Sciences économiques et médicales.	251.
VII. Arts et métiers.	*ibid.*
VIII. Sciences positives.	252.
IX. Mélanges.	*ibid.*
X. Manuscrits.	*ibid.*
§ VI. Système de feu M. Camus, membre de l'Institut.	*ibid.*
§ VII. Systèmes de MM. Coste, Denis et Girard.	280.
Typographiæ excellentia. — *Carmen.*	288.
— *Liquator.*	289.
— *Compositor.*	*ibid.*
— *Typographus.*	290.

Fin de la Table du Tome premier.

TABLE

Des Matières *contenues dans le T me second du Cours élémentaire de Bibliographie.*

AVIS.	Page 5.
SUITE DE LA QUATRIÈME SECTION.	5.
Article premier : Système de M. Massol, Bibliothécaire.	6.
Article second : Système de M. Parent.	9.
Article troisième : Système de M. Peignot.	12.
Esquisse du Système. — *Bibliographie.*	32.
I *Histoire.*	ibid.
II *Philosophie.*	37.
III *Imagination.*	41.
Article quatrième : Système du Répertoire d'Iéna.	42.
1 Tableau : *Littérature générale.*	43.
2 Tableau : *Philologie.*	44.
3 Tableau : *Théologie.*	47.
4 Tableau : *Jurisprudence.*	54.
5 Tableau : *Médecine.*	58.
6 Tableau : *Philosophie.*	61.
7 Tableau : *Pédagogique.*	63.
8 Tableau : *Politique.*	64.
9 Tableau : *Art militaire.*	67.
10 Tableau : *Sciences naturelles.*	68.
11 Tableau : *Économie, Technologie, commerce; Arts gymnastiques et récréatifs.*	71.
12 Tableau : *Mathématiques.*	75.
13 Tableau : *Géographie et histoire.*	75.
14 Tableau : *Beaux-Arts.*	87.
15 Tableau : *Histoire littéraire.*	95.

16 Tableau : *Ouvrages mélangés.* Pag. 97.
Article cinquième : Système du P. Laire. 98.
Article sixième : Système de Prosper Marchand. 100.
Article septième : Systèmes de Martin et de Debure. 107.
   1 Classe : *Théologie.* ibid.
   2 Classe : *Jurisprudence.* 117.
   3 Classe : *Sciences et Arts.* 122.
   4 Classe : *Belles-Lettres.* 134.
   5 Classe : *Histoire.* 141.
Article huitième : Nouveau Système de bibliographie, basé sur des principes plus sûrs que les précédens. 161.
Tableau des divisions de mon système bibliographique. 163.
Introduction : Bibliographie. ibid.

PREMIÈRE CLASSE.

Histoire. I. *Introduction générale.* ibid.
   II. *Géographie.* 164.
   III. *Voyages.* ibid.
   IV. *Chronologie et histoire universelle.* ibid.
   V. *Histoire de l'église.* ibid.
   VI. *Histoire ancienne.* 165.
   VII. *Histoire moderne.* ibid.
   VIII. *Histoire du Blason.* ibid.
   IX. *Antiquités.* 166.
   X. *Vies des hommes illustres.* ibid.

SECONDE CLASSE.

Belles-Lettres. I. *Grammaire.* ibid.
   II. *Rhétorique.* 167.

III. Poétique.	Pag. 167.
IV. Mythologie.	168.
V. Philologie.	ibid.
VI. Polygraphes.	ibid.

TROISIÈME CLASSE.

Sciences et Arts. I. Philosophie.	ibid.
II. Médecine.	169.
III. Mathématiques.	170.
IV. Arts.	ibid.

QUATRIÈME CLASSE.

Jurisprudence. I. Droit naturel.	171.
II. Droit canon.	ibid.
III. Droit ecclésiastique de France.	ibid.
IV. Droit ecclésiastique étranger.	ibid.
V. Droit ecclésiastique des réguliers.	172.

CINQUIÈME CLASSE.

Théologie. I. Écriture sainte.	ibid.
II. Interprètes et Commentateurs de la Bible.	ibid.
III. Écrits et Évangiles apocryphes.	ibid.
IV. Liturgie.	173.
V. Conciles.	ibid.
VI. Saints Pères.	ibid.
VII. Théologiens.	ibid.
Addition à l'article huitième.	175.
Préface.	176.
Table des classes.	179.
Homère.	181.
Œuvres d'Hésiode.	188.
Tirtée.	191.
Ésope.	192.

Phalaris.	Pag. 193.
Stésychorus.	194.
Théognide.	ibid.
Phocylide.	196.
Anacréon.	197.
Simonides.	200.
Silax.	ibid.
Pythagore.	201.
Ocellus.	202.
Pindare.	ibid.
Eschyles.	205.
Thémistocles.	206.
Sophocles.	207.
Euripide.	211.
Hérodote.	215.
Emipedocle d'Agrigente.	216.
Eupolis.	ibid.
Hippocrate, *Père de la Médecine*.	217.
Socrate.	220.
Aristophane.	221.
Cébès.	223.
Thucydide.	225.
Lysias.	227.
Eschyles.	ibid.
Isocrate.	228.
Timée de Locre.	230.
Platon, *Disciple de Socrate*.	231.
Xénophon.	234.
Chio Platonicus.	238.
Démosthène.	239.

CINQUIÈME SECTION.

Erreurs de divers Systèmes bibliographiques.	243.
§ I. Erreurs du Système de Debure.	ibid.
Grammaires.	248.
§ II. Erreurs du Catalogue de la Vallière.	255.
Tome second.	257.
Dictionnaire bibliographique de M. de la Serna Santander.	262.
Lettre à un abonné.	281.

Fin de la Table du Tome second.

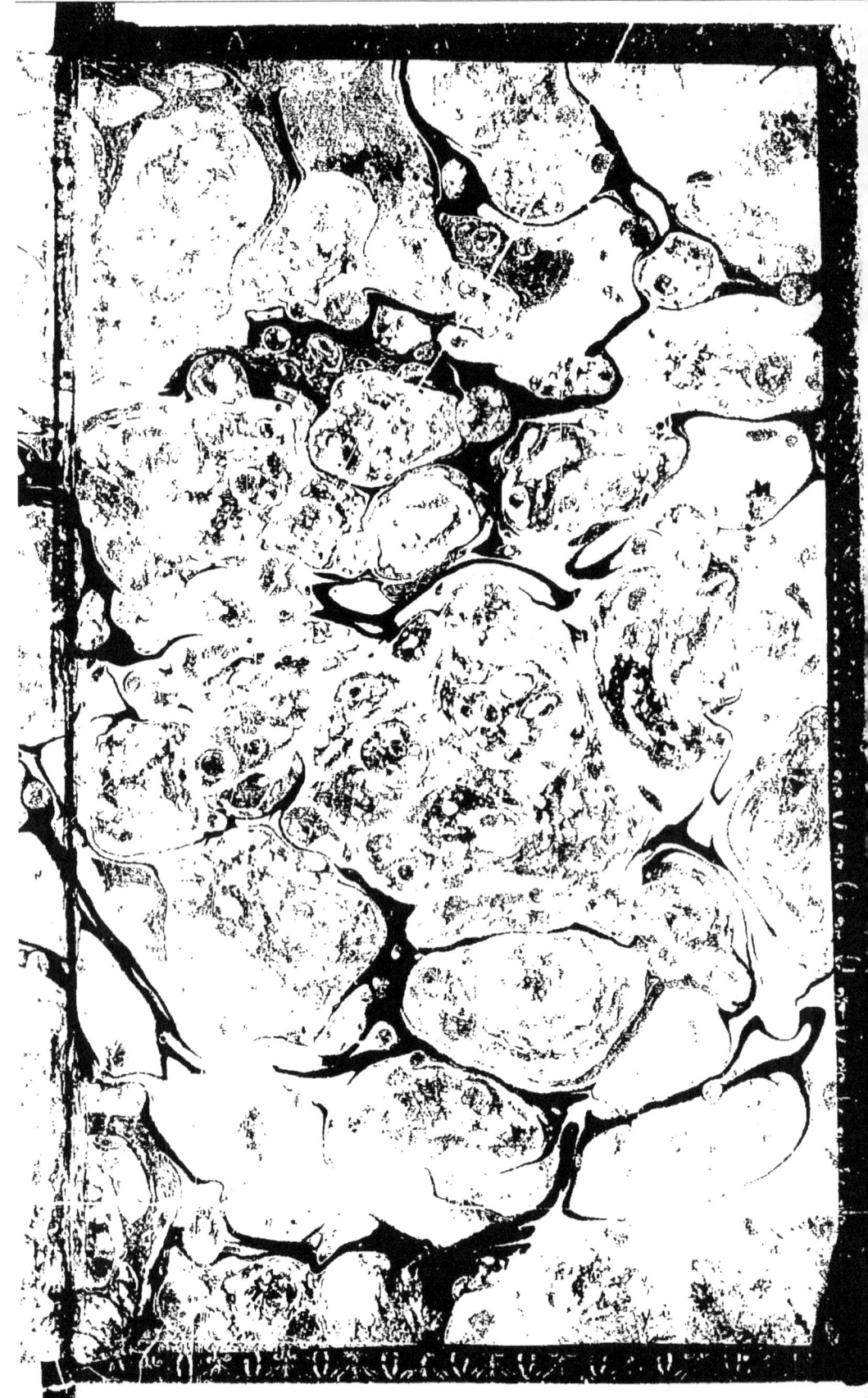

BIBLIOTHEQUE NATIONALE DE FRANCE - PARIS

Direction des collections

A l'exception des reproductions effectuées pour l'usage privé du copiste, les œuvres protégées par le code de la propriété intellectuelle ne peuvent être reproduites sans autorisation de l'auteur ou de ses ayants droit.

Dans l'intérêt de la recherche, les utilisateurs de la présente microforme sont priés de signaler au département de la Bibliothèque nationale de France détenteur du document les études qu'ils entreprendraient et publieraient à l'aide de ce document.

www.ingramcontent.com/pod-product-compliance
Lightning Source LLC
Chambersburg PA
CBHW071416150426
43191CB00008B/937